Adolf Heilborn

Die Reise nach Berlin

Adolf Heilborn

Die Reise nach Berlin

vbb verlag für berlin-brandenburg

1. Auflage 2013

Binzstraße 19, D–13189 Berlin
www.verlagberlinbrandenburg.de

Umschlaggestaltung: Tina Raccah, Berlin, unter Verwendung eines Fotos, das die Ecke Friedrichstraße/Leipziger Straße zeigt, 1930
© ullstein bild
Satz und Gestaltung: Florian Behr, Berlin
Druck: CPI – Clausen & Bosse, Leck
Printed in Germany

ISBN 978-3-942476-87-4

Inhalt

Vorwort

André Förster

1921 erstmals als Artikelfolge in den Sonntagsausgaben der *Berliner Morgenpost*, dann als Buch erschienen, sah Adolf Heilborn, der Autor der *Reise nach Berlin*, darin einen „romantischen Baedeker und Führer aus dem neuen Berlin ins alte“. Der Berliner Schriftsteller Georg Hermann urteilte, es sei „ein Buch, so reizend geschrieben, dabei ganz leicht und instruktiv, voller Wissen um die Dinge steckend“. Leicht und instruktiv – mit diesen Attributen lässt sich das schriftstellerische Credo von Adolf Heilborn auf den Punkt bringen, war er doch ein im besten Sinne populärer Wissenschaftsautor, der Natur und Kulturgeschichte „gemeinverständlich“ erklärte, ohne „schulmeisterliche Vorträge“. Dieser Typus von Autor hatte seit dem Ende des 19. Jahrhunderts, als sich die Natur- und Geisteswissenschaften immer mehr ausdifferenzierten und spektakuläre Forschungsergebnisse erzielt wurden, die wiederum einen Boom der (Natur-)Wissenschaften auslösten, eine bedeutende Rolle in der Popularisierung der Wissenschaften mittels „volkstümlicher“ Darstellungsformen. Dabei ging es auch immer um den Gedanken der Arbeiterbildung, um Wissensvermittlung in Volkshochschulen, in Wander- und Naturschutzorganisationen. Hier seien Autoren wie Wilhelm Bölsche, Curt Grottewitz und Bruno H. Bürgel erwähnt, fachkundige Laien, die für Laien schrieben und die mit ihren Werken hohe Auflagen erzielten. In diesem publizistischen Kontext ist auch das Werk des Arztes und Schriftstellers Adolf Heilborn zu verorten.

Am 11. Januar 1873 wurde Adolf Heilborn in Berlin als Sohn des Kaufmanns Raphael Juda (Rudolph) Heilborn (1847–1914) und seiner Ehefrau Clara Maria Louise, geb. Körbitz (1849–1899) geboren. Er hatte drei Schwestern: Luise Heilborn-Körbitz (1874–1961), die als Dramaturgin und Drehbuchautorin unter anderem bei der Filmfirma Bioskop in Babelsberg arbeitete und 1923 das Drehbuch zur Verfilmung von Thomas Manns *Buddenbrooks* in der Regie von Gerhard Lamprecht mitverfasste, Susanne Heilborn (1882–1941) und Käthe Heilborn (1885–1972), die mit der Opernsängerin Claire Dux auf Konzertreisen und 1923 in die USA ging. Adolf Heilborn besuchte das Köllnische Gymnasium (heute Musikschule „Fanny Hensel") und studierte in Berlin von 1893 bis 1897 Naturwissenschaften und Medizin. Nach einer Tätigkeit als Schiffsarzt ließ er sich als Arzt in Berlin nieder, war jedoch wie schon während des Studiums auch als Schriftsteller und Herausgeber produktiv. Er schrieb für naturwissenschaftliche und medizinische wie auch für Kulturzeitschriften und übersetzte Werke von Alphonse Daudet (*Briefe aus meiner Mühle. Provencalische Geschichten*, Hugo Andres & Co., Frankfurt/Oder 1893) und Guy de Maupassant (*Novellen*, Bibliographisches Institut, Leipzig/Wien 1897; *Musotte. Drama in drei Akten*, Schuster & Loeffler, Berlin/Leipzig 1898) ins Deutsche. Heilborn hielt regelmäßig Vorträge bei der Urania und der Deutschen Kolonialgesellschaft.

Seinem ersten Werk *Allgemeine Völkerkunde in kurzgefasster Darstellung* (Verlag Ferdinand Hirt & Sohn, Leipzig 1898) folgte 1904 *Der Mensch. Sechs Vorlesungen aus dem Gebiete der Anthropologie* (B. G. Teubner, Leipzig), das er – als Anhänger von Charles Darwins Evolutionstheorie und Ernst Haeckels Abstammungslehre – „dem unermüdlichen Wahrheitssucher Ernst Haeckel in aufrichtiger Bewunderung und Verehrung" widmete und in dem er seinen Anspruch an sich als Schriftsteller darlegte, sich einer „volkstümlichen Sprache" zu bedienen „und dabei doch von Anfang bis zu Ende wissenschaftlich zu sein". So konnte *Der Mensch der Urzeit* (B. G. Teubner, Leipzig 1910) gar Schullektüre werden. In den folgenden Jahren erschienen in der Sammlung *Aus Natur und Geisteswelt* des angesehenen B. G. Teubner Verlages noch etliche weitere Bände von Heilborn. Von 1906 bis 1910 wirkte er als Herausgeber und Redakteur der 1872 von Paul Lindau gegründeten Wochenzeitschrift *Die Gegenwart.* Neben aktuell-politischen und wirtschaftliche Themen gab diese *Wochenschrift für Literatur. Kunst und öffentliches Leben*, wie ihr Untertitel lautete, literarischer und Theaterkritik, Essays, Gedichten und Beiträgen über Kunst und Musik breiten Raum. Heilborn selbst schrieb dort Theaterkritiken, Buchbesprechungen und Artikel zu bildender Kunst bis hin zu naturwissenschaftsnahen Themen. Nach dem Ersten Weltkrieg, an dem er als Bataillonsarzt teilgenommen hatte, wurde Heilborn auch freier Mitarbeiter für Literatur-Themen der *Berliner Morgenpost.* In diese Zeit fällt die Erstpublikation der *Reise nach Berlin*, die 1925 im Rembrandt-Verlag Berlin-Zehlendorf erneut aufgelegt wurde. Hin und wieder publizierte Heilborn nun in diesem auf Berliner Kultur(geschichte) spezialisierten Verlag, u. a. *Die Zeichner des Volks. Käthe Kollwitz, Heinrich Zille* (1924) – mit beiden Künstlern war er befreundet, mit Zille hatte er mehrere Gespräche im Rundfunk geführt – und zur Olympiade 1936 einen *Führer durch Alt-Berlin von heute*. Für die Bandbreite seiner Publikationen bezeichnend sind seine Neuerscheinungen 1924/25, als außer dem Kollwitz-Zille-Band solch unterschiedliche Titel erschienen wie: *Weib und Mann. Eine Studie zur Natur- und Kulturgeschichte des Weibes* (Ullstein, Berlin 1924), *Die Reise durchs Zimmer* (eine „Kulturgeschichte der Wohnung und des Hausrats", Ullstein, Berlin 1924) und *Die Wurmkrankheiten. Bandwürmer und andere Eingeweidewürmer* (Schwabachersche Verlagsbuchhandlung, Berlin 1925). Noch 1937 erschien zur 700-Jahr-Feier Berlins als Beilage zur *Berliner Morgenpost* ein *Berliner ABC*.

Fraglich ist, wie Adolf Heilborn im nationalsozialistischen Deutschland überhaupt noch so lange hat publizieren können. Sein Vater war jüdischen Glaubens, seine Mutter stammte aus einer evangelischen Familie und war mit der Eheschließung zum „mosaischen Glauben" übergetreten. Adolf Heilborn selbst war am 2. April 1901 allerdings aus der Jüdischen Gemeinde ausgetreten; 1917 hatte er die Nichtjüdin Margarete Agnes Auth, geborene Fiedler (1873–1959) geheiratet. Unklar ist sein Status hinsichtlich der Mitgliedschaft in der Reichsschrifttumskammer, der Standesorganisation der Schriftsteller im nationalsozialistischen Deutschland. Wer keinen „Ariernachweis" erbringen konnte, wurde dort nicht aufgenommen oder von der Kammer ausgeschlossen, was einem Publikationsverbot gleichkam. Allerdings gab es immer wieder Ausnahmeregelungen. Mit der Radikalisierung des Vorgehens gegen die Juden nach der Pogromnacht vom 9./10. November 1938 verschärfte jedoch auch die Reichskulturkammer die „Bereinigung" der ihr unterstehenden Einzelkammern, so auch der Reichsschrifttumskammer. Heilborn wurde möglicherweise in dieser Phase ausgeschlossen; für die Zeit nach 1937 sind jedenfalls keine Publikationen unter seinem Namen nachgewiesen. Andererseits finden sich in den entsprechenden Akten der Reichsschriftumskammer im Bundesarchiv weder ein Antrag noch ein Hinweis auf den Ausschluss von Heilborn. Der Berliner Stadthistoriker Kurt Pomplun schrieb in seinem Vorwort zur Neuausgabe der *Reise nach Berlin* im Jahre 1966, dass Heilborn in der Ausweglosigkeit des Publikationsverbotes und wegen „Widrigkeiten im engsten Familienkreise" seinem Leben mit einem „Griff zur Tablettenschachtel" selbst ein Ende gesetzt habe. Aus Heilborns Sterbeurkunde geht jedoch hervor, dass er am 15. Oktober 1941 im St. Gertrauden Krankenhaus in Berlin-Wilmersdorf an „Lungentumor, Kachexie [=starke Abmagerung], Herz- und Kreislaufversagen" verstorben ist. Ob er sich angesichts der sich für ihn zusehends verschlechternden Lebensbedingungen im

Nationalsozialismus *und* der Krankheitssymptome für einen Freitod entschieden hat, dies lässt sich bei derzeitigem Kenntnisstand nicht beantworten. Möglicherweise meinte Pomplun mit seiner vagen Andeutung der „Widrigkeiten im engsten Familienkreise" den Tod der Schwester Susanne im Mai 1941, ein halbes Jahr vor Heilborns Tod. Bruno H. Bürgel erwies Heilborn in der *Berliner Morgenpost* am 19. Oktober 1941 mit dem Nachruf „Abschied von Adolf Heilborn" die letzte Ehre. Schon vier Monate darauf, am 28. Februar 1942, verzeichnete die Berliner Stadtbibliothek den Zugang von Büchern aus Heilborns Besitz. Lieferant der Bücher war das Antiquariat Hermann Lutzki. Wie und wann die Bücher dorthin gelangt waren, ist nicht bekannt.

Heilborns naturkundliche Bücher erlebten nach dem Zweiten Weltkrieg in der Sowjetischen Besatzungszone bzw. der DDR noch einmal Neuauflagen in der Akademischen Verlagsgesellschaft Geest & Portig, Leipzig und im Verlag A. Ziemsen, Wittenberg. Mit der Neuedition der *Reise nach Berlin* 1966 – wieder im Rembrandt-Verlag – setzte der Herausgeber Kurt Pomplun Adolf Heilborn ein Denkmal.

Wenn Adolf Heilborn in der Ausgabe der *Reise nach Berlin* von 1925 einleitet, es handle sich um „ein sehr persönliches Plauderbuch", ein „Bilderbuch", „treu gezeichnet, Strich an Strich", dann nimmt dies schon die Umschreibung von Franz Hessels vier Jahre später erscheinendem *Spazieren in Berlin* vorweg, dessen Schutzumschlag „ein Bilderbuch in Worten" ankündigt. Wie schon Heilborn durch Berlin spaziert und dabei den Blick auch auf Nebensächliches richtet, an dem der eilige Passant vorübergeht, wie er Neues mit Altem vergleicht und darüber räsoniert, wie sich die Großstadt verändert hat – so wird Hessel einige Jahre später *seinen* Spaziergang durch Berlin beschreiben, wenngleich mit anderem Akzent. Ein „Lehrbuch der Kunst, in Berlin spazieren zu gehn", wie es bei Hessel weiter heißt, ist die *Reise nach Berlin* jedoch nicht, was möglicherweise einer der Gründe dafür ist, dass Heilborn nicht wie Hessel als Flaneur betrachtet und später wiederentdeckt wurde. Dennoch sind sich Heilborn (Jahrgang 1873) und Hessel (Jahrgang 1880) mit ihrem Zugang zur Beschreibung der Stadt nah. Der Dritte, der hier genannt werden muss, ist Georg Hermann (Jahrgang 1871), der renommierteste der drei Autoren und mit seinen erfolgreichen Romanen, darunter *Jettchen Gebert* (Egon Fleischel & Co., Berlin 1906), einer der wichtigsten Schriftsteller des beginnenden 20. Jahrhunderts überhaupt. Sowohl Heilborn als auch später Hessel beziehen sich auf ihn. So überrascht es nicht, dass Heilborn auf die großen Romane des „jüdischen Fontane", wie Hermann bisweilen bezeichnet wurde, Bezug nimmt, etwa wenn er über das „Kubinke-Milieu" spricht oder *Jettchen Gebert* als Referenz heranzieht. Doch gibt es nicht nur Parallelen in der Bearbeitung ihres Stoffes – Hermanns *Spaziergang in Potsdam* erschien 1926 wie ein Jahr zuvor die *Reise nach Berlin* im Rembrandt-Verlag und war ein Auftragswerk, möglicherweise von Verlagsseite mit Vorbild der *Reise nach Berlin* vor Augen.

Beide teilten eine Leidenschaft: die Begeisterung an der Natur. So erwähnt Heilborn den Naturalien-Händler Keitel an der Nikolaikirche, bei dem er „Insektennadeln und Torf gekauft" habe, „und was sonst noch zu dieser Schmetterlingsjäger- und -sammlerleidenschaft gehört", woran er die Frage schließt: „Wisst Ihr's noch, Heinrich Zille, Georg Hermann, Erdmann Graeser?"

Mit sentimentalem Gestus bewegt sich Heilborn durch den Berliner Stadtraum und durch ehemalige Nachbarstädte und Vororte, die kurz zuvor, 1920, zu Groß-Berlin vereinigt wurden. Scheinbar *en passant* erfährt der Leser, den Heilborn bisweilen durch ein unmittelbares „Du" zum Komplizen des plaudernden Stadtführers macht, viel Wissenswertes und Amüsantes zur Geschichte von Wohnvierteln, Häusern und ihren Bewohnern. Aus seinem Gedächtnis kramt er interessante Begebenheiten und bisweilen köstliche Anekdoten hervor. Immer wieder flicht er Persönliches ein, gerade wenn er in Gegenden unterwegs ist, in denen er selbst gelebt hat. Es ist eine Reise des zum Zeitpunkt der Niederschrift Achtundvierzigjährigen in die eigene Jugend, die Erinnerung an eine längst vergangene Zeit, als die Hauptstadt des 1871 geeinten Deutschen Reiches gerade erst anhob, zur Metropole zu werden und sich in territorialer wie in baulicher Hinsicht enorm auszudehnen. Karl Schefflers vielzitiertes Bonmot von 1910, Berlin sei „dazu verdammt, immerfort zu werden und niemals zu sein", könnte auch als Motto für die *Reise nach Berlin* stehen, wenn Heilborn die enormen Veränderungen in der Stadtlandschaft innerhalb weniger Jahrzehnte reflektiert und die Überbauungen und Neuanlagen ganzer Straßenzüge, ja Stadtviertel beschreibt. So steht der Krögel, die Straße unweit des Molkenmarktes, als Chiffre für das „Alt-Berlin" der Zeit vor der Industrialisierung, das es bereits in den Jahrzehnten vor dem Zweiten Weltkrieg nur noch in Fragmenten gab; und dieser Rest mittelalterlicher Bebauung versank nicht etwa im Bombenhagel des Zweiten Weltkrieges, sondern musste schon 1935 dem Bau der Reichsmünze weichen. Heilborn sieht dies Anfang der 1920er-Jahre voraus, wenn er skeptisch mutßmaßt: „Nur eine kurze Spanne und auch der Krögel wird der neuen Zeit weichen." Wenn Heilborn über Steglitz und Friedenau spricht, seine eigene Wohngegend, dann vergleicht er diese aus seiner Sicht viel zu schnell gewachsenen Vorort-Gemeinden mit einem „dicklichen Jungen, dessen zu kurzer und zu enger Anzug, prallgestopft wie eine Wursthaut, in allen Nähten kracht, wenn er sich bewegt". Gerade im Vergleich mit dem über Jahrhunderte gewachsenen, kleinteiligen und verwinkelten Alt-Berlin findet der monumentale Eklektizismus der wilhelminischen Epoche vor Heilborn keine Gnade: „Dann aber die Wilhelminische Zuckerbäckerei ringsumher: das theatralische Gewirr des Nationaldenkmals, der leise humoristisch wirkende Schlossbrunnen und der in übelstem Tragantbäckerstil erbaute neue Dom." Dass Heilborn den Kitsch und Pomp des wilhelminischen Kaiserreichs ablehnt, zeigt auch die feine Ironie in dem Hinweis, dass das Haus des arrivierten Historienmalers Anton von Werner später

„beinah“ von dem expressionistischen Künstler Max Pechstein gekauft worden wäre. Dagegen beschreibt Heilborn den Potsdamer Platz – auch bei Franz Hessel und Georg Hermann das Sinnbild für die moderne Großstadt – fasziniert als von außen Beobachtender: „Dieses Hasten, Lärmen und Durcheinanderwimmeln von Wagen und Menschen und doch die Ordnung darin, [...] diese Lichterfülle des Abends, diese großzügigen Prospekte“. Er weiß also durchaus den Charme und die Ästhetik des modernen Berlin zu schätzen. So lässt sich die *Reise nach Berlin* als Sehnsucht nach dem vorwilhelminischen Berlin und als Ablehnung der kaiserlichen Großmannssucht mit einem Schuss Arrangement mit der Moderne der 1920er-Jahre lesen.

Die Reise nach Berlin ist ein auch heute noch lesenswertes Buch, mit dem man sich auf Spurensuche ins alte Berlin und in einige bis 1920 selbstständige Nachbarstädte und -gemeinden begeben kann. Dabei überrascht, dass es gar nicht so wenige Relikte gibt, die schon zu Beginn des 20. Jahrhunderts nur mehr Überbleibsel der alten städtischen Bebauung waren, die jedoch den Zweiten Weltkrieg und die Abriss- und Überbauungswut in Ost- und West-Berlin überlebt haben oder rekonstruiert wurden. Und wer noch mehr in Berlins Geschichte eintauchen möchte, dem ist ein Besuch des Märkischen Museums (wie auch der anderen museal genutzten Gebäude der Stiftung Stadtmuseum Berlin) zu empfehlen, und hier kann die Ermahnung Heilborns, die offensichtlich schon 1925 nötig schien, nur erneuert werden: „das herrliche Märkische Museum, auf das wir ehrlich stolz sein dürfen, und das wir nur viel häufiger besuchen sollten, schätzereich und interessant, wie es ist".

Editorische Notiz

Der Text folgt der im Rembrandt-Verlag 1925 erschienenen Ausgabe und wurde inhaltlich nur in einer Passage, in der Heilborn nachweislich falsch von einem früheren Verlauf der Panke spricht, verändert. Die Diktion des Autors wurde beibehalten und nur behutsam eine Anpassung an die aktuell geltende Orthografie vorgenommen. Ein nach Kapiteln sortiertes Glossar am Ende des Bandes klärt – in Auswahl – wichtige Begriffe, wie Straßen- und Gebäudenamen.

Der Verlag dankt Frau Angelika Nafziger für wertvolle Hinweise zur Biografie Adolf Heilborns. Mit ihren Recherchen konnte sie bislang unklare Lebensumstände Heilborns erhellen.

Vorwort zur Ausgabe von 1925

Dieser romantische Baedeker und Führer aus dem neuen Berlin ins alte ist ein sehr persönliches Plauderbuch, und so müsste der Titel eigentlich wohl heißen: die Reise nach Berlin und in meine Jugend.

Als ich diese Skizzen zeichnete, als ich die Stätten meiner Erinnerungen wieder aufsuchte, da fühlte ich erst, wie alt ich schon bin, und so ist bisweilen ein leiser Klang der Wehmut in mein Geplauder gekommen. Lass Dich diese Melancholie nicht anfechten, lieber Leser; auch Du wirst einmal merken, dass Du nicht mehr der Jüngste bist. Aber noch sind ja die „Augen, meine lieben Fensterlein", nicht verdunkelt, noch lassen sie „freundlich Bild um Bild herein".

Ja, ein Bilderbuch ist diese *Reise nach Berlin*, treu gezeichnet, Strich an Strich, wie es kam, mitten im lebendigen Treiben von heute oder daheim aus zäh bewahrter Erinnerung. Lustig bunte Bilder und hie und da auch eines in leicht getrübtem Grau. Sei ihnen, wenn Du sie betrachtest, ein milder Kritiker.

Friedenau, am 16. Mai 1925
Adolf Heilborn

Die Reise nach Berlin

Ich weiß nicht, ob jemand noch den Rentier Schellenbogen kennt. Er wohnte am Karlsbad und ist so eine Art Jugendfreund von mir. Ich kenne ihn an die dreißig Jahre, und damals schon war er nicht mehr gerade der Jüngste. Sein Vater ist – aber in allen Ehren – Julius Rodenberg; der hat ihn geschrieben, und so habe ich seine Bekanntschaft gleich nach seiner Geburt gemacht. Dieser Schellenbogen also, geborener Berliner, Rentier und Junggeselle, pflegte jedes Jahr um die Ferienzeit seinen Koffer zu packen. Er verabschiedete sich von Freunden und Bekannten, ließ eine Droschke holen, stieg ein, rief dem Kutscher „Stettiner Bahnhof" zu oder je nach dem, und fort ging es. Sobald er aber bis zum Potsdamer Tor gekommen, dann … Aber ich will doch lieber erst erzählen, warum ich mich seiner wieder so lebhaft erinnert habe.

Es war an einem der letzten, glutheißen Augustabende. Ich hatte bei Stallmann vergebens auf ein paar Freunde gewartet; so ging ich und schritt die Jägerstraße entlang. Kein Mensch weit und breit, der Asphalt schien förmlich zu dampfen. Ein feiner, grauer Staub flimmerte von ihm empor, tanzte zitternd an den Häusern hinauf, erfüllte die ganze Luft. Auch auf dem Gendarmenmarkt keine Menschenseele. Die Sträucher fahlgrün, regungslos, schier unwirklich, die Häuser wie hinter einem Spinnwebschleier. Ein mattes Leuchten aus den Büschen zur Rechten: der Marmor des Schillerdenkmals.

Da könnte nun wie vordem oft leibhaftig der selige E. T. A. Hoffmann sitzen mit seinem Kneip- und Herzensbruder Ludwig Devrient, und ein gespenstiger, grünschurziger Küfer brächte ihnen aus Lutter und Wegners Keller da drüben neue Flaschen – ich hätte mich nicht groß gewundert. Ich hätte mich nicht mal gewundert, wenn, Schatten der Schatten, der Student Anselmus und Konrektor Paulmann, Peter Schlemihl und Erasmus Spikher dahergewandelt wären und Hoffmannsche Allotria getrieben hätten.

Langsam schlich ich die Jägerstraße weiter hinab; hier ist sie vornehm breit und still, macht einen seltsamen Knick. Ein paar alte Leutchen saßen auf Stühlen vor der Haustür, geruhsam, tagesmüde, wie in einer kleinen Stadt. Hinter der Reichsbank bog ich in die Kurstraße und drang in das Geschiebe verlassener Gässchen zur Linken. „Adlerstraße" lese ich und denke daran, dass hier ja Fontanes Professor Willibald Schmidt hauste und die Kommerzienrätin Treibel, als sie, noch eine einfache Jenny Bürstenbinder, in ihres Vaters Materialwarenladen auf einem über zwei Kaffeesäcke gelegten Brette Tüten klebte. „Zwei Pfennig fürs Hundert – eigentlich viel zu viel, Jenny, aber Du sollst mit Geld umgehen lernen", pflegte der Alte dann zu sagen.

Plötzlich „Raules Hof". Ein Durchgang, viel zu schmal für einen ordentlichen Wagen, eine phantastisch modern bemalte Tür scheint ihn zu sperren. Und da bin ich an der Stätte, von der die Idee der deutschen Weltmacht ihren Ausgang nahm. Hier im ehemaligen „Ballhaus" hat Benjamin Raule, Reeder und Ratsherr zu Middelburg und nachmals „Generaldirekteur" der von ihm begründeten Marine des Großen Kurfürsten, gewohnt, hier waren die Speicher und Gewölbe der Afrikanisch-Brandenburgischen Kompagnie, deren letzten Besitz, die erste deutsche Kolonie in Afrika, der manchmal allzu praktische Soldatenkönig Friedrich Wilhelm I. 1721 um 6 000 Dukaten und „sechs wohlgemachte junge Neger mit goldenen Halsbändern" an die schlauen Holländer verkaufte.

Und ich biege in die Alte Leipziger Straße ein, in der „Nouis Bneu, Nederhändner" Glaßbrennerschen Angedenkens wohnte, der das L nicht aussprechen und darum „ohne Nachtnichte nicht schnafen" konnte, „Nouis Bneu von der französischen Kononie" …

Vor mir nun die Jungfernbrücke, dieses köstliche, berlinisch-holländische Zugbrückenidyll, das Meister Zilles Buntstift uns mit dem Schmuck des Winterschnees als echt berlinische Rodelbahn unsrer Tage für alle Zeiten bewahrt hat. Die älteste und jetzt auch letzte hölzerne Zugbrücke in Berlin.

Ach, diese vielen Zugbrücken früher, für uns Schuljungens jede ein Deus ex machina, buchstäblich ein rettender Engel aus Hebeln und Schrauben, die willkommenste, nie versagende Ausrede fürs Zuspätkommen. „Die Brücke war aufgezogen." Ich musste zum Köllnischen Gymnasium täglich über die Waisenbrücke. Schon von weitem sah man, wie die

Brückenaufzieher hüben und drüben ihre Vorkehrungen trafen. Dann galt es zu laufen, um ja nicht das Hochwippen zu versäumen und womöglich, wenn man genügend Eile zu heucheln wusste und die „Uffziere" gut gelaunt waren, sich mit kräftigem Ruck über den gähnenden Abgrund schwingen zu lassen. Drüben konnte man dann in aller Ruhe das Hindurchgleiten des Mörtelkahns mit ansehen; das Zuspätkommen lief einem ja nicht davon.

In dem flimmernden Grau des heißen Sommerabends hat die Brücke mit dem schwarzen Wasser, das sie vielfältig wiederspiegelt, etwas Unheimliches, Totes, Gespensterndes. Wie in barocke Schnörkel gerahmt, leuchtet dahinter ein gelbliches Haus auf, breit ausladend, mit weit geöffnetem, behäbigem Tor; eine goldene Inschrift funkelt darüber in altmodischen Lettern: Französischer Hof. Das ist wie die Folie zu einer Gespensternovelle Hoffmanns oder der Anfang einer Sonderlingsgeschichte von Heinrich Seidel. Und so totenstill das alles, kein Mensch auf der Straße.

Da juchzt und schreit es auf einmal und plumpst mit dumpfem Fall ins Wasser. Das spritzt in weißen Fontänen auf und ringelt sich um helle Leiber. Fünf, zehn, sechzehn zähl ich, Jungens und Mädels. Sie laufen die steinerne Treppe hinab, sie springen vom hohen Steuer der leeren Zille hinunter, tauchen, plätschern, prusten, schreien. Ein paar Fenster gehen auf, Leute treten vor die Tür, alles lacht oder lächelt doch. Ein lustiges, lärmendes Freibad mitten in Berlin, zwischen Jungfern- und Gertraudenbrücke, und die heilige Gertrud, die ja für lustige Vögel immer ein Herz hatte, bildet mit ihrer massigen Silhouette einen passenden Hintergrund zu dieser improvisierten Badeanstalt.

Ich lasse die Blicke die Friedrichsgracht hinunterschweifen. Da drüben jenseits der Brücke grüßt hinter sich neigendem Kastaniengeäst ein wundersam zierlicher Balkon. Eine Mauer, ein Gartenhaus, wie's am Comersee stehen möchte oder in einer Köstlichkeit Paul Heyses. Mit ernster Geste breitet der massige Ravenésche Bau seine Front zum Abschluss des Bildes. Fontanes *L'Adultera* steigt in der Erinnerung auf, und da bin ich auch in Stralau bei Freund Tübbecke, dem Original von Schankwirt, und seiner noch originelleren besseren Hälfte, Tübbecke, der, wenn er seinen Koller hatte, in Klotzpantinen und Zylinder nach Berlin ins Café Bauer fuhr. In zitternden Wellen hebt und senkt sich's über den Bildern, die sich drängen und jagen.

Und ich denke daran, wie ich noch jedesmal mit klopfendem Herzen heimkehrte nach Berlin. Wie ich selig war, als Kind, wenn ich nach den vier Ferienwochen vom Zuge aus endlich wieder die hohen Häuser des Berliner Ostens sah, die Mietskasernen, ja, die grauen Mietskasernen meiner Vaterstadt Berlin. Wie ich die Zähne zusammenbeißen musste, wenn ich als Mann, nach langen Monaten aus fremden Ländern heimkehrte. Wie mir die Tränen über die Wangen kollerten, als ich im Dezember 1918 aus Frankreich, dem blutigen Morden, all der Not und Unrast, entronnen, wiederkam und die ersten Häuser Berlins sah, nachts, im Mondenscheine.

Und plötzlich begriff ich, wie klug, welch Philosoph mein alter Freund Schellenbogen war, wenn er allsommerlich die Koffer packte und aus Berlin nach – Berlin reiste.

Nämlich am Potsdamer Tor – und damit sind wir wieder beim Anfang – bog er sich aus seiner Droschke und rief dem Kutscher etwa zu: „Ich hab's mir überlegt, fahren Sie mich zum Hohen Steinweg". Da lag ein altes, behagliches Hotel, und hier verlebte Schellenbogen seine Sommerferien Jahr für Jahr und zog auf Entdeckungen aus in Berlin.

Ich tu's ihm nach, gelobte ich mir an jenem Abend an der Friedrichsgracht. Das kann selbst ich mir leisten, simpler „Kopfarbeiter", der ich bin. Da braucht man keine Eisenbahn, nein, zu Fuß, tut's not, mal mit der Elektrischen, will ich nach Berlin reisen. Komm mit, es wird Dich nicht reuen. Du wirst vieles sehen, Schönes und Bizarres, wirst große Geschichten erleben und Genre, und wenn Du nicht, mit Fontane zu reden, „gröbliche Augen hast, die gleich einen Gletscher oder Meeressturm verlangen, um befriedigt zu sein", wirst Du auf Deine Kosten kommen.

Nach Alt-Berlin und Kölln

Lasst uns unsre erste Fahrt gleich an der Jungfernbrücke beginnen. Hier ist so was wie geweihter Boden, Geschichte und Dichtung reichen sich geschwisterlich die Hand. Noch manches erzählt uns von Raule und seiner Brandenburgischen Kompagnie. In den Häusern der Alten Leipziger Straße hier oben sieht's immer noch nach Magazinen aus: da sind großmächtige Kaufgewölbebogenfenster, hinter denen freilich heut nur bunter Trödel sich breitmacht.

Drüben der „Französische Hof" beherbergte einst und ebenfalls zur Zeit des Großen Kurfürsten zahlreiche Emigrantenfamilien. Deren nadelgeschickte Töchter, die Demoisellen, gut deutsch die „Jungfern", hielten ihre selbstgefertigten Spitzen – die „Knötgens" sagte man dazumalen – in hölzernen Buden an der Brücke feil, die davon dann im Mund des Volkes den Namen „Jungfernbrücke" bekam.

Wir biegen in die enge Spreestraße ein, die ehedem viel trefflicher und anmutsvoller ein Spreegässchen hieß, und der Wilhelm Raabe mit seiner liebenswürdigen *Chronik der Sperlingsgasse* den literarhistorischen Namen gab. Hier, Nr. 11, beim Schneidermeister Wuttke, der abends sich in einen „Königlich Preußischen Tafeldecker" verwandelte, in der Bel-Etage, schrieb der Dichtersmann sein Erstlingswerk. Das heißt: geschrieben hat es der dreiundzwanzigjährige Student wohl im Kolleg, – um Heizung zu ersparen.

Was da im Anfang dieser Raabeschen Geschichte steht: „Ich liebe in großen Städten diese älteren Stadtteile mit ihren engen, krummen, dunklen Gassen, in welche der Sonnenschein nur verstohlen hineinzublicken wagt. Ich liebe sie mit ihren Giebelhäusern und wundersamen Dachtraufen, mit ihren alten Kartaunen und Feldschlangen, die man als Prellsteine an die Ecken gesetzt hat. Ich liebe diesen Mittelpunkt einer vergangenen Zeit, um welchen sich ein neues Leben in liniengeraden, parademäßig aufmarschierten Straßen und Plätzen angesetzt hat. Selbst die Bewohner des älteren Stadtteils scheinen noch ein originelleres, sonderbareres Völkchen zu sein, als die Leute der modernen Viertel" – das möchte ich als Motto über unsre Reise setzen.

Eng drängen sich die Häuschen aneinander, nur zwei, drei Fenster breit, arme Leute in zerschlissenem Kittel, kaum eines weist einen Zierrat auf, wie Raabes Nachbar mit seinen Festons über den Fenstern, und doch sind sie einem Dichter wert erschienen, die Wärme seiner Menschenliebe und die Sonne seines Humors über sie zu strahlen.

Ein paar Schritte bringen uns in die Brüderstraße, die ihren Namen von den „schwarzen Brüdern" empfing, den Dominikanern, deren Konventshaus hier seit dem 13. Jahrhundert stand. Werft, bitte, einmal einen Blick hinauf und hinunter: hier als Abschluss das alte Schloss mit seinen Säulen und seiner wundervollen Kuppel, dort das gotische Backsteinportal und das zackige Getürm der Petrikirche. Das sind Prospekte, wie sie nur wenige Straßen zeigen und wenige Städte nur noch haben! Wir alle sind unzählige Male hier vorbeigegangen; aber wer von uns hat das wohl bewusst und bewundernd gesehen?

Es ist viel Neues in der Brüderstraße, aber doch auch noch manch köstlich Altes. Am Hause Nr. 10, der alten Propstei von St. Petri, und ebenso am Hause Nr. 8 ist schöne alte Schmiedearbeit, Ranken und Blätter, über der Tür. Die alte Propstei hat ihre gruslige und sozusagen echt berlinische Geschichte. Das Haus gehörte als erstem Besitzer dem Kabinettsminister des Soldatenkönigs. Eines Tages ward vor der Tür hier eine Hausdiebin gehenkt – mit dem Henken war man damals ja noch schnell bei der Hand – und in diesem Falle erwies es sich bald, dass man eine Unschuldige aufgeknüpft hatte. Da ward dem Minister das „Galgenhaus" verleidet, und sein ihm „wohlaffektionierter" König befahl deshalb ganz einfach dem Magistrat, das Haus zu erwerben, worauf der Magistrat es gleichsam zur Entsühnung dem Propste von St. Petri als Amtssitz anwies.

Vor allem aber ist Nr. 13 sehenswert, das Nicolaische Haus, noch ganz das gediegene Bürgerhaus des 18. Jahrhunderts. Der Buchhändler Christoph Friedrich Nicolai, „bewundert viel und viel gescholten", hat darin allerlei Kluges und leider noch weit mehr pedantisch Dummes geschrieben und verlegt, und im Sommer 1811 sang hier der zwanzigjährige Bergakademiker Theodor Körner, wegen studentischer Händel, wie er einem Freunde schreibt, „aus Leipzig in

Nacht und Nebel exgekniffen, mit einer Schmarre im Gesicht und mit dem Relegat in der Tasche", seine Lieder. In der Nicolaischen Buchhandlung ist denn auch 1814 *Leyer und Schwerdt* von Theodor Körner, Lieutenant im Lützowschen Freikorps, erschienen. Nicolais Büste und eine Erinnerungstafel schmücken jetzt die Front des Hauses, und die Stadt Berlin, die sie gestiftet, unterscheidet mit feiner Dialektik den Dichter vom Philister: dieser „wohnte und wirkte", jener „weilte und dichtete" hier. Im ersten Stock des Hauses, eine behäbige Treppe führt hinauf, ist seit 1910 das Lessing-Museum geborgen. Lessing ging mit seinem Freund, dem Philosophen Moses Mendelssohn, bei Nicolai zeitweilig ein und aus. Aber nun, welch ein Idyll ist nicht der Hof?! Dieser Fliederbusch mit dem Efeu, dieses Hopfengerank an der Mauer, dieser grüne, hölzerne Brunnen! Ein Jahrhundert scheint gleichsam ausgelöscht; wie die Ruhe der Urgroßvätertage ist das.

Drüben der Hertzogsche Neubau, das schlichte, niedere, alte Haus noch neben dem Palast, hat manche Erinnerung zerstört. Da war die „Baumannshöhle", eine behäbige Weinkneipe, die oftmals das Kleeblatt Lessing, Mendelssohn und Nicolai zu tiefsinnigem Gespräche vereinte. Da wohnte (Nr. 29) Johann Ernst Gotzkowsky, der patriotische Kaufmann, der 1760 durch Mannesmut und Opferwilligkeit die von dem russischen General Tottleben angedrohte Plünderung Berlins abzuwenden wusste, der uneigennützig auch der Stadt Leipzig 800 000 Reichstaler zur Kontribution vorschoss. „Es ist ein Beispiel ohne Beispiel, dass ein Mann für seine Mitbürger das übernimmt und aussteht, was Sie ohne alles Interesse übernommen haben“, dankte dem wackeren Bürger öffentlich der Berliner Magistrat. Da hat an der Ecke der Neumannsgasse zwölf Jahre lang Andreas Schlüter gewohnt, der das Denkmal des Großen Kurfürsten schuf, am alten Schloss die hohe Kunst seines deutschen Barocks erwies, der Marienkirche die bewunderungswürdige Kanzel gab.

In dieses ernste Bild bringt der absonderliche Erker am Hause 16–18 eine lustige Note. Er gleicht einer Renaissance-Bettstelle mehr als irgendetwas anderem, mit seinen vergoldeten Säulen, dem Baldachin, den Schwänen, die ihn tragen, und das übel Protzige, was das viele blanke Gold einst hatte, hat nun durch Schmutz und ein paar Jahrzehnte Berliner Wetters beinahe etwas antik Vornehmes bekommen.

Durch die Scharrenstraße biegen wir in die Breite Straße ein – wohnte hier nicht irgendwo in der Großen Petristraße, die's auf keinem Stadtplan gibt, Fontanes Kommerzienrat Van der Straaten und seine Lanni? – ihr heimelnd altertümliches Bild hat sie durch die „pompösen“ Neubauten freilich eingebüßt. O, wie behaglich sah es hier zu Weihnachten in meinen Kindertagen aus, wenn längs des Bürgersteigs die Leinwandbuden des Berliner Weihnachtsmarktes aufgebaut waren! Zumal die Zinngießer mit ihren Bleisoldaten – das ganze preußische Militär –, die Braunschweiger Pfefferküchler, die Sattler mit den Schaukelpferden und die Wachszieher mit den an Fäden hängenden, flügelschlagenden Weihnachtsengeln standen hier … Aber zu sehen und bewundern gibt's doch glücklicherweise auch heut noch manches. Da sind (Nr. 10 und 11) noch ein paar stattliche Patrizierhäuser der friderizianischen Zeit. Das eine verrät schon äußerlich die städtische Hörigkeit durch seine Zierrate: den Bären, den Bienenkorb, die Geldtasche, das sammelnde Eichhörnchen. Werft einen Blick ins Treppenhaus; es lohnt, die in Schneckenwindungen aufsteigende Treppe zu sehen, die abgeschlossene Dunkelheit und Ruhe, die eben dem Hause das wohnliche Behagen verleihen. Und draußen sind noch, mit Farbe überstrichen, die drei Etagenklingelzüge. Das andere: „In Berlin hat dieses Haus nicht seinesgleichen", rühmt der greise Hans Brendicke, der um die Kenntnis Alt-Berlins sich immer wieder aufs Neue verdient macht. Auch dieses Haus, in dem seit nun einem Jahrhundert die Familie Ermeler ihren Sitz hat –

„Wo kommt der beste Tabak her?
Merk auf, mein Freund, von Ermeler!"

dichtete einst, echt berlinisch reimend, der Hauspoet – ist glücklicherweise jetzt Eigentum der Stadt Berlin, und so wird es für alle Zeiten erhalten bleiben. Ist das Äußere mit seinem hübschen Relief des Tabakbaues und dem klassizistischen Rankenfries – der alte Berliner Tabakhändler J. H. Neumann hat das 1804 anbringen lassen – schon sehenswert: „das Innere ist einer der entzückendsten Rokokowinkel, die Berlin je besessen hat". Ein – Heereslieferant des Alten Fritz hat es dazu geschaffen.

In Nr. 12 ist Albert Lortzing geboren, der Komponist der *Undine*, des *Zar und Zimmermann* und des viel bedeutenderen und darum weniger beliebten *Wildschütz*, der zeitlebens aus dem Pech nicht herauskam, um des lieben Brotes willen Couplet auf Couplet schreiben musste … eine Bronzetafel mit dem Relief des Meisters an dem heutigen Kaufhause berichtet allein noch hier von ihm. Und drüben, auf der Marstallseite, da prangt noch ein Staatsstück von Architektur: das Ribbecksche Familienhaus (Nr. 35). Zumal das köstliche Portal (Spätrenaissance) ist entzückend. Die Ribbecks, die sind jenes havelländische Geschlecht, dessen einer noch auf seinem Grabe einen Birnbaum für die Bauernkinder pflanzen ließ, wie Fontane es besungen hat, und wie die Berliner Kinder es in der Schule auswendig lernen:

„So spendet Segen noch immer die Hand
Des von Ribbeck auf Ribbeck im Havelland".

Durch den Neuen Mühlenweg, der mitten durch ein Haus und am Ende gar über einen Hof führt, biegen wir in die Poststraße ein. Inmitten der Brücke der wundervolle Blick auf die Wasserseite des Schlosses mit seinen dunklen Türmen und Winkeln, dahinter das Patinagrün auf Kuppeln und Brücken, hält strengstem Urteil stand. Und in den Rahmen des Torwegs treten nun drei schmale hohe Häuserlein, drei Fenster breit ein jedes, wie aus einer alten Geschichte. Ein paar Schritte weiter, das Haus Nr. 23, das ist wieder eine kleine Köstlichkeit, wie es sich da vorbaucht, die schlichten Fenster, das reizende Erkerchen, das solide, alte Handlungsschild, in Schreibschrift darauf: „Seidenband-Fabrik von Karl Knoblauch“ – wie das vornehm wirkt in den Reklameschreien unsrer Tage! Und mit sanfter Rundung, wie eine behäbige Madam, dreht sich das Häuschen um die Ecke zum Nikolaikirchplatz.

Auf der andern Seite erzählen ein paar Tafeln, längst an neuen Häusern, von kurfürstlichen Kanzlern, die hier wohnten und starben, von dem Berliner Meister des Kirchengesangs August Eduard Grell, der hier 1800 geboren ward, und dessen *Barmherzig und gnädig* wir im Schulchor Jahr für Jahr zu Festen sangen.

In dem Hause Nr. 4, das nun einem mächtigen Industriepalaste gewichen ist, war einst die Konditorei von Boretius, so die rechte, winklig-enge, verschmauchte Berliner Konditorei – es gibt davon noch immer einige im heutigen Berlin – und dort sah man hinten im Lesezimmer, mit den runden, kleinen Empiremarmortischen und den bronzenen Gaskronen, in der Wand eine Messingtafel eingelassen, die berichtete, dass eben an dieser Stelle Herr Johann Sigismund, Markgraf und Kurfürst von Brandenburg am 23. Dezember 1619 gestorben sei. Der Kurfürst verbarg sich nämlich häufig in diesem Hause seines Kammerdieners Anton Freitag aus Furcht vor der gespensternden „Weißen Frau“ im Schlosse.

Nr. 15 bekundet sich durch eine Tafel als Vermächtnis zugunsten von Prediger- und Schullehrerwitwen. Wie altmodisch eigenartig ist nicht noch die große Haustür zur Öffnung geteilt!

Das Prachtstück aber und überhaupt ein Glanzstück Alt-Berlins ist das Eckhaus, das 1766 von Diterichs für Veitel Heine Ephraim, den „Hof- und Münzjuden" Friedrichs des Großen, an Stelle der Tonnenbinderschen Apotheke erbaut wurde. Ephraim war sicher besser als sein Ruf. Die „Ephraimiten" oder „Blechkappen", die sich ob ihres geringen Silbergehalts so schämten, dass sie rot (vom Kupfer) wurden:

„von außen schön, von innen schlimm,
von außen Friedrich, von innen Ephraim",

diese Dritteltalerstücke sind 1759 auf Friedrichs Geheiß geprägt worden, und Friedrich erwies sich ja auch Ephraim dadurch erkenntlich, dass er ihm für seinen Neubau die acht den Balkon tragenden (jetzt erneuerten) Sandsteinsäulen schenkte, die im Siebenjährigen Kriege aus dem gräflich Brühlschen Schlosse zu Pförten – requiriert waren. Die zierlichen, schmiedeeisernen Gitter, zum Teil vergoldet, die Putten und Vasen, die Pilaster – das ist typisches und gutes französisches Barock.

Wie ich ein Junge war, wohnte hier der Berliner Polizeipräsident F.; mit seinem Sohne bin ich zur Schule gegangen, und der – schrieb von mir die deutschen Aufsätze ab.

Und nochmals Kölln und Alt-Berlin

„Es wohnte aber Herr Johannes Rathenow unfern der Kirche des heiligen Nikolaus, so die älteste ist der alten Stadt Berlin. Das Haus lag, als zu vermuten, in einem der Winkel um die Kirche, wo heutzutage kein Bürgermeister seine Wohnung aufschlüge, und auch kein Patrizier, so es deren in Berlin gäbe. Doch in den frommen Tagen, als es erbaut wurde, suchten die reichsten Familien eine Ehre darin, nahe ihrer Pfarrkirche zu wohnen, die engen, kleinen Fenster auf die hochgewölbten des Gotteshauses gerichtet."

So hat's mir mein lieber Vater erzählt, als ich noch nichts von Willibald Alexis und seinem *Roland von Berlin* wusste, und daher ist mir so etwas wie Andacht und Ehrfurcht vor diesem Nikolaikirchplatz mit seinen absonderlichen Häuschen verblieben. Engbrüstig, nur zwei Fenster breit – „Handtücher", wie der Berliner sagt –, hochgeschossen oder unter Mittelmaß, hässlich, verhutzelt wie alte Weiblein, die Höfe wahre Löcher, die Flure so schmal, dass kaum zwei aneinander vorüber können, sind diese Häuschen. Aber sie haben unzweifelhaft etwas wie Charakter und passen wundervoll zu dieser uralten Kirche und diesem stillen, grünen Platz.

In Nr. 10 wohnte drei Jahre lang Lessing, und das Nachbarhaus, das wie ein Erinnerungsmal einen riesigen Schwalbenschwanz an der Fassade und noch immer das alte Firmenschild zeigt, war unser Jungensparadies. Da haben wir beim alten Keitel Insektennadeln und Torf gekauft, und was sonst noch zu dieser Schmetterlingsjäger- und -sammlerleidenschaft gehört. Wisst ihr's noch, Heinrich Zille, Georg Hermann, Erdmann Graeser?

Seltsam geschnörkelte Grabsteine zieren die Kirchenmauern, die teilweise schon aus dem 13. Jahrhundert stammen. Und in der Kirche selbst hat einst (1657–1666) Paul Gerhardt gepredigt, der so schöne Lieder dichtete, wie *Befiehl Du Deine Wege*, *Nun ruhen alle* Wälder, *O Haupt voll Blut und Wunden* und das köstlich-naive *Geh aus, mein Herz, und suche Freud zu dieser schönen Sommerszeit*, und der doch ein Zelot war, und weil er sich dem Toleranzedikt des Großen Kurfürsten nicht fügen wollte, seines Amtes enthoben ward.

Ein originelles Häuschen steht noch hier am Platze: Probststraße 11, mit seinen musizierenden Putten. Die Molkenstraße – da wohnt noch heute ein veritabler Waffenschmied, ganz wie in alten Zeiten sieht das aus, wenn's freilich nun auch nur Theater ist – führt uns zum Molkenmarkt. Gleich das Eckhaus ist was Besonderes: das „Haus zur Rippe" wird es genannt, und eine Riesenrippe und dito Schulterblatt sind seine Wahrzeichen. Die Legende weiß davon zu erzählen, dass hier einmal ein gewalttätiger Riese von einem „Erdenwurm" erschlagen worden sei. Sein Leib war so groß, dass er nicht auf einem Kirchhof Platz hatte; so wurde er zerstückelt und auf verschiedenen begraben. Ein paar der Knochen aber wurden zum Gedächtnis bewahrt. Nun, von einem Riesen stammen die

Knochen nicht, vielmehr – und das ist für Berlin und den Molkenmarkt beinahe ebenso verwunderlich – von einem Wale.

Gegenüber, der hässliche Kasten, ist die einstige Stadtvogtei in der Fritz Reuter der „hochverräterische", schwarz-rot-goldene Burschenschafter, im Spätherbst 1833 ein paar Monate hinter Schloss und Riegel gehalten wurde. Seine Zelle lag, so wird erzählt, nach dem Krögel hinaus, und damit wären wir – werfen wir im Vorübergehen noch einen Blick auf das stattliche Palais Schwerin (Nr. 3), das nun freilich architektonisch etwas „vermöbelt" worden ist – zu einer „Berliner Rarität" gelangt, die nirgends ihresgleichen hat.

Der Krögel, das ist düsterstes Berlin, altersgrauestes, pittoreskestes und ungezählte Male geschildertes. Hier stand das älteste Badehaus Berlins, die Mauerbogen und Gewölbe berichten noch davon, und musste wegen allzu – sagen wir mal – freibadmäßigen Treibens von einem ehrbaren Magistrat geschlossen werden. Wie eine Stadt für sich, von der Zeit vergessen, ist das Ganze: der eiserne Prellbock, ein Ritter mit Helm, wie zur Wacht am Eingang, die lange, hohe, enge, in sich gebrochene Gasse zum Wasser, die sich drängenden Häuser, Torbogen, Höfe, eines immer winkliger, baufälliger, altersgrauer und malerisch hässlicher als das andere. In buntem Durcheinander Fachwerk, Ziegel, Feldsteine. Da tragen Säulen das überhangende Gebälk seltsamer Balkonfluchten. Da ist eine absonderliche Sonnenuhr – scheint denn jemals die Sonne in dieses schwärzliche Häusergewimmel?! – und sie zeigt, ganz in die Stimmung hier sich fügend, die Inschrift: „Mors certa, hora incerta“, „Der Tod ist sicher, unsicher seine Stunde nur“.

Ja, hier, in der „Kröppelstraße“, musste Hans Unwirrsch geboren werden, zum *Hungerpastor* bestimmt, und nicht weit von hier stand auch das heimelige Observatorium des weiland Heinrich Ulex, dessen Leitspruch die Raabesche Weisheit war: „Sieh nach den Sternen, gib acht auf die Gassen“…

Am Wasser unten, Wasserpest wuchert darin, und wie ein Teppich breitet Froschbiss sich im Sommer darüber, ein Hafenbild: Dampfer an Dampfer, Zillen mit Kalk- und Mauersteinen, dahinter die alte Insel, tot nun und wüst bis auf den einen breitgeästeten Baum. Auf dieser Insel hatte der Große Kurfürst ein Spinnhaus errichtet, darin Landstreicher und Bettler ans Arbeiten gewöhnt werden sollten, hatte ein halbes Jahrhundert später der rührige Wegely, der 1752 die erste Berliner Porzellanfabrik gegründet, seine Wollzeugmanufaktur angelegt. Bald wird hier, wie ein „kundiger Thebaner“ mir verriet, „neues Leben aus den Ruinen“ blühen, so ein Berliner Alsterpavillon entstehen. Wie wir uns zur Umkehr wenden, fällt der Blick auf die eisernen Dornen der Regentraufe an der Stadtvogtei; sie sollten den Häftlingen die Flucht unmöglich machen. Nur eine kurze Spanne und auch der Krögel wird der neuen Zeit weichen.

Lasst uns die Stralauer Straße nun hinuntergehen. Sie barg für mich als Knaben manche Köstlichkeiten. Da war das Stammhaus von Theodor Hildebrandt mit seinem schokoladenbraunen Riesenbären; da war das Stammhaus der Ravenés mit dem nicht minder lockenden Gefunkel und Geblinker seiner Werkzeuge und Maschinen; da waren Gerber und Färber, davon es so seltsam und durchdringend roch. Und Lagerhäuser voll Heringe und Bücklinge waren da, die mischten ihren salzigen Räuchergeruch dazu. Da war manch stattliches Bürgerhaus, in dem ich Schulkameraden hatte. Nur eines fand ich noch wieder, Nr. 52, so selbstbewusst wie damals, mit den Wandgemälden im Torweg, breit, behäbig, entschieden aristokratisch. Und auch die Strauß-Apotheke ist noch da (Nr. 47), mit dem großen Straußen an der Front. Daneben war damals eine alte Gärtnerei, und wenn hier die Königin der Nacht zur Blüte kam, dann stand's in der *Vossischen Zeitung*, und alt und jung pilgerte hierhin, das nächtliche Wunder zu schauen. Ja, und noch ein paar alte Häuser dieser einst so gemütlichen Straße sind erhalten geblieben, gleich vorn am Molkenmarkt. In einem schenkt Landré seine Weißen und hat allerlei Seltenheiten bewahrt aus dem Berlin unsrer Großväter und Väter. Nun freilich beherrscht und erdrückt das alles der wuchtige Bau des Stadthauses; sein rundschlanker Turm überhöht weit und breit das Straßenbild, wohin wir immer uns wenden mögen.

Noch eine Jugenderinnerung: Am andern Ende stand der hässliche Würfelkasten der Waisenkirche. Darin war die Fachschule der Berliner Friseurinnung untergebracht. Und so lauerten hier die künftigen Figaros an allen Straßenecken auf ein Opfer, das sich ihrer Schere leichtsinnig anzuvertrauen geneigt. Es kostete nichts, das Haareschneiden; ich glaube – man bekam sogar noch etwas dazu. Aber wie geschundene Raubritter betraten hernach oft genug die Vertrauensseligen und Gewinnlüsternen wieder die Straße.

Die Waisenkirche ist verschwunden, man braucht ihr keine Träne nachzuweinen; sie war nichts als nur hässlich. Die Waisenstraße aber hat fast ihr altes Gesicht bewahrt, jenes Armeleutegesicht der Straßen an der Mauer. Hier schloss nämlich einst die älteste Feldsteinmauer die Innenstadt in sich, und wie Schwalbennester klebten die Häuser an der Mauer. Was sind das für Haustüren, für Keller, für Steintreppen und Vorbauten! Die Treppen im Innern scheinen jäh auf die Straße zu stürzen, als wollten sie dem Elend dadrinnen entfliehen. Aber da ist zum Troste dann wieder ein wunderschönes Portal (Nr. 28), einst war es noch viel schöner, stilgerechter; es ziert das Hospital der Parochialgemeinde und trägt die wundervolle Inschrift: „Am Abend wird es licht sein". Ein Stückchen weiterhin steht noch die Mauer des Friedhofs, von alten hohen Bäumen überschattet, sieht man die Kreuze und den Efeu alter Gräber. Nach dem Ende zu wirds immer enger. Die Klosterkirche gibt hier den Abschluss zur Sackgasse und dieses allerengste Endchen heißt noch heute im Volksmunde der „Bullenwinkel", weil einstmals hier die Bauern an Viehmarkttagen ihre Kühe und Kälber bis zum Marktbeginn zusammenhielten.

Längs des Friedhofes kehren wir durch die Parochialstraße zurück. Welch seltsamer Zusammenklang: diese Riesentürme zur Linken, zur Rechten und vor uns, und dazu diese winzigen, baufälligen, schmalen „Handtücher" – eines der Häuserlein, das ganze sieben Fenster breit ist, trägt dafür gleich drei Hausnummern! Einstmals hieß jenes letzte Stück der dreigeteilten Parochialstraße, das in die Spandauer Straße mündet, die Reezengasse, und in meinen Kindertagen war hier Haus bei Haus ein Schusterladen oder eine Trödlerbude. Die Schuster hatten ihre langschäftigen „Kalauer", immer drei, vier Paare an langen Stangen über der Ladentür in die Gasse hinaushängen – die ganze Gegend roch davon nach Leder und Stiefelwichse. Und die Trödler – sie werden wohl zumeist Glaubensgenossen der Mühlendammer gewesen sein. Denn Glaßbrenners Handlanger Kielmeyer hatte sich, wie er vor Gericht erzählt, seinen hellblauen Rock „in de Reezenjasse von Abrammen jekooft, det heeßt eijentlich von Sahran, denn er wa nich ze Hause".

Die Klosterstraße gibt ein etwas wirres Straßenbild. Der Stil von Jahrhunderten mischt sich hier zu unvermittelt. Zur Linken die Parochialkirche: Barock und Renaissance, ein echt berlinisches Kuddelmuddel, daran sich schließend das barocke Stadthaus Ludwig Hoffmanns. Zur Rechten zunächst das einstige Palais Podewils (Nr. 68), nüchtern strenger Klassizismus mit leichtem Einschlag von gefälligerem Rokoko. Und weiterhin die Klosterkirche, Gotik ohne Turm, das ehemalige Franziskanerkloster der

Grauen Brüder, seit 1574 Schule, im Stil von Kirche und Kloster – eine Bronzetafel an der Straßenmauer erzählt, dass auch Bismarck einstmals „Klosteraner" war – und endlich das Hohe Haus (Nr. 75/76), die markgräfliche und kurfürstliche Residenz bis auf die Tage Friedrichs I. von Hohenzollern, des Nürnberger Burggrafen, dem hier die Stände 1415 huldigten, dann Ritterakademie und schließlich – sic transit gloria mundi – Lagerhaus für die Wolle zu den Uniformen des preußischen Heeres. Durch einen Torweg geht's hier zu der Werkstatt Daniel Rauchs, die nun zu einem kleinen Rauchmuseum eingerichtet ist. Die andere Straßenseite ist viel jüngeren Gesichts. Am Hause Nr. 43, das nun die alte französische Klosterkirche auf dem Hofe und im Garten zu einem Goethe-Theater umgestaltet hat, erzählen uns zwei Bronzereliefs von der Aufnahme der Hugenotten und der Einweihung dieser ihrer ersten Kirche in Berlin. Inmitten der Straße der Bahnhofseingang der ganz modernen Untergrundbahn – das alles ist ein fast parvenuhaft wirkendes Bild des Werdens und der Geschichte Berlins.

Aber nun die Jüdenstraße. Da ist gleich rechts ein schmaler Eingang, und auf einmal sind wir mitten in der Idylle des Großen Jüdenhofs. Der war einst der Mittelpunkt des Berliner Ghettos, dessen letzte geistige Mauern erst zur Zeit der Freiheitskriege (1812) fielen. Was ist das für ein köstliches Plätzchen! Der schlafende Marktplatz eines winzigen Städtleins scheint es. Hähne krähen geruhig, bunte Katzen schleichen über das Pflaster und reiben sich schnurrend an den Wänden der Häuser. Eine Frau kommt, den schweren Henkelkorb am Arm, vom Markte und öffnet mit großmächtigem Schlüssel eine Haustür. Vor einem der Häuslein eine altersmüde, vornüber sich neigende Akazie, die im Frühsommer voll duftender, weißer Blütentrauben hängt. Mach deine Reverenz, lieber Reisegefährte, vor diesem Häuschen; denn aus ihm stammt die Mutter Wilhelms und Alexanders v. Humboldt. Das Nebenhaus hat hintenhinaus noch wie in alten Zeiten sein Gärtchen. Und freundlich schützend blickt wie aus ferner Welt der Turm des Stadthauses auf diesen Marktplatz nieder. Und wenn die Singuhr der Parochialkirche zur halben oder vollen Stunde, ein wenig heiser und leicht aus dem Takt geratend, ihr frommes Lied herübertönt – dann denkt man an Theodor Storm oder gar an Voßens *Louise.*

Ins Fischerviertel

„Neu-Cölln am Wasser", schildert Paul de Lagarde in seinen Erinnerungen an den Dichter Friedrich Rückert, der in den vierziger Jahren Berliner Universitätsprofessor war, „bot den eigentümlichsten Anblick. Der Fluss, an einem Ufer von einer breiten Gracht begleitet, war nicht belebt, obwohl die bekannten langen Kähne auf ihm lagen: Aber eben diese ungegliederten Holzgestelle, aus deren Kajüten Torfrauch aufstieg, über denen Windeln und Hemden getrocknet wurden, machten den Eindruck einer ganz eigenen Wohnlichkeit sogar der Spree. Manch strammer Mann hat auf diesen Kähnen in Berlin selbst, oder während sie ihre Fahrt, Torf und Obst, auf der Havel zusammenholten, das Licht des Lebens erblickt. Darüber mehr Kirchtürme sichtbar, mehr Turmuhren und Glocken und Glockenspiele hörbar, als man sonst in Berlin sah und vernahm."

Lagarde hat in der Schilderung noch eins vergessen: Die Fischkästen und die Tienen, die ganz zum Bilde gehörten. Da liefen riesige Männer mit Ledermänteln und Südwestern, auf dem Rücken den Riesenkescher mit den zappelnden Fischen, hin und her, fischten Karpfen, Hechte und Plötzen aus den Kästen zwischen den Pfählen in der Spree oder schütteten den bunkernden, plätschernden Inhalt in die Tienen auf der Straße. Und die Hökerinnen gaben acht, ließen ihre flinke und manchmal recht boshaft derbe Zunge gehen, und im Herbst roch es dann zu den Fischen auch noch nach Torf und Äpfeln. Zumal oben am Mühlendamm, auf einer rundlich in die Spree vorbuchtenden Landzunge, saßen diese verwegenen Damen mit ihren grüngestrichenen, gewaltigen Zobern und ihren bei schönem Wetter zugeklappten, grauen Riesenschirmen.

Wie ich ein Junge war, gingen unmittelbar vor der hölzernen Waisenbrücke noch der Grüne Graben und schräg gegenüber der Königsgraben, übelduftenden Gedenkens beide, von der Spree ab. Auf letzterem zieht jetzt die Stadtbahn dahin. Damals war gerade an seiner Mündung ein Rummelplatz en miniature: Wagenbuden mit Zwergen, die es unter „Prinz" und „Prinzessin" natürlich nicht taten, eine Bude mit Selterwasser, Äpfeln, Stangenzucker und „Naute" – gibt's das noch, dieses berlinische Kinderentzücken aus Sirup und Mohn? – und einmal, das ist mir unvergesslich, eine Bude, in der ein geheimnisvolles Bett gezeigt wurde, das pünktlich auf die Minute einen weckte, erst durch Klingelzeichen, zweimal, dreimal und dann den Langschläfer mit einem Wuppdich hinauswarf. Auf dem Grünen Graben liefen wir im Winter Schlittschuh: Er selbst floss teils unterirdisch, teils am Tage bis zum Kupfergraben hinter der Singakademie. Beide Gräben waren übrigens letzte Reste der Befestigung Berlins; der Name Wallstraße sagt ja auch noch davon. Hier an der Waisenbrücke stand ein finsteres Gebäude – wir Jungens nannten es „Ochsenkopf" –, ein Gefängnis oder Arbeitshaus, und dann kam der kleine Park, darin wir während der Turnstunde „Räuber und Gendarm" spielten. Er hat sich nicht allzu sehr verändert, dieser Köllnische Park: Der grüne Berg ist noch da mit den Sandsteinfiguren. Aber an der Stelle der Bedürfnisanstalt (sie hatten damals in Berlin merkwürdigerweise alle die Form einer Niere) ragt heute das herrliche Märkische Museum, auf das wir ehrlich stolz sein dürfen, und das wir nur viel häufiger besuchen sollten, schätzereich und interessant, wie es ist.

Und noch eins war in meinen Jungenstagen nicht im Park: der „Wusterhausische Bär", jenes Wehr (berum in der alten Festungsbausprache geheißen), jene Grünegrabenschleuse, die einst nahe dem Köpenicker Tore dem Feind den Zugang sperrte. Und natürlich auch nicht der steinerne Roland, der, eine Nachbildung des Brandenburgers, auf dem Kopfe sein grünes Kränzlein von „Donnerbart" trägt und – das Wetter hat ihm böse mitgespielt – so aussieht, als hätte ihm einer das linke Auge ausgeschlagen, oder er hätte mal in den letzten Jahren an den Sitzungen der Berliner Stadtverordneten teilgenommen.

Aber kommen wir endlich auf Neu-Kölln am Wasser zurück. Solch reizvolles altes Städtebild gibt's in ganz Berlin nicht zum zweiten Male! Im Vordergrunde die Spree mit ihren Zillen, der Flottille von Schleppdampfern an der Insel, ihren in Pfählen hängenden Fischkästen und schmalen Brückenstegen dazwischen. Und drüben Giebel und Dächer, ein Drängen und Durcheinanderschieben von Häusern und

Häuschen, niedrig, eingewohnt, mit dem Firnis von Alter und Arbeit, ein paar schmale, sich zum Wasser öffnende Gassen, an einer Ecke noch Fachwerkhäuschen. Das alles überragend Türme und Kuppeln: Das neue Stadthaus, die Nikolaikirche, der Dom und links der Zackenturm der Petrikirche – ein paar Schritte weiter, und der Turm der Parochialkirche, der des Alten Rathauses schiebt sich in das Bild. Zur Linken, den weitausholenden Bogen schließend, der Festungsbau der Sparkasse, die auf- und absteigende Häuserreihe an der Fischerbrücke, die Friedrichsgracht. Und überall, wie am Alsterbassin zu Hamburg, Möwen, vereinzelt, in Scharen, lautlos segelnd oder mit wildem Kreischen sich jagend. Ganz das Bild einer vielgeschäftigen, kleinen Hafenstadt. Hier stehen auch noch ein paar der alten, ungefügen Kastenschwengelbrunnen – „Kein Trinkwasser“ warnte gewöhnlich eine Tafel die unbekümmerten Durstigen – und eines der Häuser (Nr. 21) zeigt noch über vorragendem Kellerhalse eine stattliche Freitreppe, wie sie in Berlin immer seltener geworden sind.

Die neue Inselbrücke – Obelisken mit Butterkugeln darauf, von als Fischer verkleideten Putten bewacht, „zieren“ sie – führt uns zur Friedrichsgracht mit ihren engbrüstigen, schiefen, altersmüde sich neigenden Häuschen.

„Gracht“ für Graben, das erzählt uns von den holländischen Werkleuten, die der Große Kurfürst einst hierher gerufen, und die die zahllosen Spreearme in ein Netz schiffbarer Kanäle zwangen.

Wir biegen in die Fischerstraße und sind wie in einer Stadt für sich. Das war hier einmal die älteste Straße des Fischerdorfes Kölln, und sie hat sich bis zum heutigen Tage von ihrer Eigenart manches bewahrt. Da steht gleich ein kostbares Häuschen, das „Gasthaus zum Nussbaum“, spitzgieblig über die Maßen, von seinem Nussbaum halb verdeckt; der Kellerhals im Innern zeigt die Jahreszahl 1571. Ein paar Schritte weiter (Nr. 28) folgt ein Häuslein wie aus einem Bild von Schwind, das „Blütchenhaus“. Wie oft hab ich nicht als Kind davor gestanden und mir ein Märchen zusammengeträumt. Und tretet einmal durch den niedrigen Hausflur auf den Hof: diese geländerten Treppen und Treppchen, diese Dächer und Dächlein, dieses Gärtchen an der Mauer …

Überhaupt die Höfe in der Fischerstraße! Da ist einer (Nr. 29) mit hölzernen Galerien: Über dem Tore innen rühmt ein Eichhörnchen-Relief: „Zum Eichhorn bin ich genannt, dies Haus steht in Gottes Hand 1604.“ Zu einem andern (Nr. 32) führt ein ganz niedriger, gedielter Torweg. Wieder eines (Nr. 34) birgt ganze Häuschen in seinen Mauern. Ein enger, winkelreicher Durchbruch (Nr. 30) geht zur Fischerbrücke.

Und noch eine reizvolle Besonderheit hat diese originelle Fischerstraße: eine Fülle von Gewerkzeichen und ähnlichen Reliefs als Häuserschmuck. Da prangt überm Eingang zu Nr. 34 eine künstlerische Arbeit *Glaube, Liebe, Hoffnung* mit der Jahreszahl 1735. Da zeigt gegenüber Nr. 7 einen hohen Flechtwerkkorb mit Brezeln und allerlei Backwerk. Da tritt an Nr. 5 ein Adler hervor, der eine goldene Schlange in den Fängen hält. Da hat der Bäckerladen Nr. 12 als Gewerkszeichen eine Brezel, einen Striezel und Semmeln mit noch drei „Hellingen“ an der Front; da trägt Nr. 17 einen naiven Stern und die Jahreszahl 1778. Ringsumher hier im Fischerviertel gibt's noch solche Hauszeichen. Unweit der Fischerbrücke, neben dem erwähnten Durchgang, ist wieder eines: Die Schiffahrt in Person, die sich an einen Anker lehnt und auf der Linken robinsonmäßig einen Papagei trägt (1727). Und gehen wir zur Roßstraße, so grüßt uns an der Ecke (Nr. 33) ein lustiges Relief, die fünf Sinne – das „Gefühl“, durch eine Putte verkörpert, die von einem Krebs gekniffen wird.

Ich will noch eines der interessantesten gleich hier nennen: Wallstraße 25, das Simsonrelief, der „Simson am alten Köpenicker Tor“ (1735), den sich das Volk in einen biederen Meister Pechdraht umgedeutet hat, so sein auf die Haustür festgepichtes Gewinnlos zur Lotterie trägt.

Doch biegen wir von der nun modernisierten Roßstraßenbrücke noch einmal links in die Friedrichsgracht und zur Petristraße ein, die sich wie eine Zwillingsschwester der Fischerstraße ausnimmt. Sie birgt in Nr. 15 den schönsten von allen Altberliner Höfen, zu dem man durch ein stattliches Haustor und an gefälligem Treppenhause vorüber gelangt.

Und nun müsst ich noch vom Mühlendamm berichten mit seinen Kolonnaden und seinen Kaufgewölben, dunkel, geheimnisvoll, von den Säulen fast allen Lichtes beraubt. Was gab's da nicht in meinen Jugendtagen alles zu kaufen?! Alte Hosen und saure Gurken, alte Schmöker und Pincenezs, echt tombakne Ohrringe und buntbedruckte Taschentücher – das ganze Warenhaus von heute. Und die „Mühlendammer“ erst, die einen beim Rockzipfel ergriffen und in ihre Spelunken zogen! Aber Schwamm drüber. Den, d.h. in diesem Falle: Zunderschwamm, gab's dort auch zu kaufen, wie ja schon das berühmte, nach einer Melodie aus Webers *Euryanthe* gesungene Lied verkündete:

„Unterm Mühlendamm
Sitzt 'n Mann mit Schwamm,
Der will janich, janich, janich fang'n“.

Um das Schloss herum

„Wohl der Residenz, deren Schloss keine Schattenseite hat", sagt in Glaßbrenners *Schützenplatz* Madame Pote, als ihr Gatte Roderich, an der Stechbahn stehend und auf die große Sonnenfläche des Schlossplatzes deutend, stöhnt: „Dadrüber wech bei eenundzwanzich Jrad Mittagshitze in Schatten … Nee, dess dadavor der Majistrat nich sorjt, det det Schloss keen'n Schatten nich wirft, det is unverzeihlich".

Politik wie Politik – wahr ist's schon, dass es um das Schloss herum viel Sonne gibt. Und damals und bis in meine Kindertage stand an der Stechbahn noch nicht einmal das schattenspendende Rote Schloss, und wo heute das ungefüge Nationaldenkmal protzt, an der Schlossfreiheit, war nur eine kleine, baufällige Häuserzeile mit echt berlinischen Merkwürdigkeiten: die Konditorei Helms, Kramläden mit Berliner Andenken …

Wie ich da so gegenüber der Stechbahnecke Ausschau halte gleich dem weiland Knopfmacher und Bürger Roderich Pote, merke ich erst, wieviel sich doch hier herum in dem halben Jahrhundert geändert hat.

Zwar manch charakteristischer Zug im Bilde ist noch unverwischt: die kleinen Häuschen am Schlossplatz, die sich wie Küken um die Glucke drängen, der eckige, rote Turm des Rathauses, das Museum und natürlich das Schloss selbst im Mittelpunkt des Bildes.

Dann aber die Wilhelminische Zuckerbäckerei ringsumher: Das theatralische Gewirr des Nationaldenkmals, der leise humoristisch wirkende Schlossbrunnen und der in übelstem Tragantbäckerstil erbaute neue Dom haben seine edle, imponierende Größe nicht zu zerstören vermocht.

Gleich das mächtige Portal hier an der Westseite, von dem Gotländer Eosander, Eosander v. Göthe nennen sie ihn deshalb, dem Triumphbogen des Kaisers Septimus Severus in Rom nachgebildet, hat Macht. Ganz stilecht schaut graues Mauerwerk durch das stattliche, schmiedeeiserne Tor, und der Drachentöter Michael steht wundervoll mitten im Bilde. Nun einen Blick vorauf: vorn die Brücke mit den Marmorfiguren, zur Linken das Zeughaus in Rokoko-Renaissance mit seiner grünen Lichthofkuppel, das Lustgartenwäldchen, das hellenisch edle Alte Museum mit seiner Säulenhalle und seinen Statuen – das ist schon was, ein Stück deutscher Kunstgeschichte, und so klingt es denn auch rings umher von den besten Namen auf: Schlüter und Eosander (Schloss), Stüler und Schadow (Schlosskuppel), Schlüter und Hitzig (Zeughaus), Schinkel (Museum und Schlossbrücke).

Aber dann wieder der Raschdorffsche Dom, der ist bitter oder richtiger süßlich, ganz und gar Tragant, ganz im Stil der Weihnachtszuckerbäckereien von ehedem. Bei Faßbender an der Schlossfreiheit, stand noch lange im Fenster solch weißzuckerner, arg verstaubter St. Michael. Übrigens wurden die Berliner Konditoren zu Anfang des vorigen Jahrhunderts eigens für diese Zuckerwerkkünsteleien auf der Kunstakademie zu Plastikern ausgebildet und durften sich dann „akademische Künstler“ nennen. Weydes, des „Hogarths unter den Konditoren“, Tragantfiguren haben sogar in E. T. A. Hoffmanns *Abenteuer der Silvesternacht* ewiges Leben von Dichters Gnaden gewonnen.

Im Weitergehen über den Schlossplatz – Herrgott, da steht ja noch immer die Urania-Säule mit ihren so „neckischen“ Laubfröschen und dem andern Zeugs daran ... Was hat dieser erste öffentliche Wetterprophet mit seiner Unzahl von blinkernden Instrumenten nicht seinerzeit für ein Aufsehen in Berlin erregt! Man pilgerte zu ihm, um zu sehen, ob's für die sonntägliche Landpartie gutes Wetter gäbe, oder um sein eigenes Barometer (von Obenaus oder gar Petitpierre) damit zu vergleichen, so wie man seine Uhr – vor Erschaffung der Normaluhren am Spittelmarkt und Potsdamer Platz – nach der allgemeinem Dogma zufolge „totsicher“ richtig gehenden, am alten Akademie-Gebäude, Unter den Linden, richtete. Und heute kräht kein Hahn mehr nach dem schmutzigen Ding, dem längst irgendwie sein innerer Wert, seine blanken Siebensächelchen abhanden gekommen sind. Im Weitergehen, am Marstall vorbei, der in meinen Kindertagen viel mehr nach einem Mährenstall aussah und roch als heute, dafür aber auch wertvolle Pferde barg – die Prunkwagen zu den großen Hoffestlichkeiten nicht zu vergessen! – anstatt bloßer Mengen bedruckten Papiers, aus denen ja jede und selbst die Berliner Stadt-Bibliothek besteht, im Weitergehen schweift der Blick spreeauf zu dem Bleisoldatenfestungsbau am Mühlendamm. Die alten Mühlengebäude, wennschon schwärzlich und gewiss nicht schön, dazu die sprudelnden, schäumenden Schleusen und Wehre, die kleinen Häuschen der alten Burgstraße, das wirkte doch entschieden malerischer. Diese Mühlen gehörten übrigens noch zu des Alten Fritzen Zeiten der Krone und nicht der Stadt, und eben finde ich in einem alten Buch eine famose Illustration dazu.

Stand da am Mühlendamm ein Haus, so einem gewissen Hans Zander gehörte und einen „Erckner" nebst Gewölbe besaß, die „der Erckner ganz, das Gewölbe aber etwas" auf des Amtes Grund und Boden standen. Für diesen Erker musste, nebenbei bemerkt, Zander dem Amt als Steuer jährlich ein Pfund Pfeffer bezahlen. Vor dem Gewölbe hatte nun Jakob Winckeler einen „Schraen" (Schragen), auf dem er Käse feilhielt. Weil aber Winckeler die Steuern nicht zahlte, ließ ihm eines Tages der Magistrat „von der Schraen acht Kehse hinwegnehmen". Diese welterschütternde Begebenheit der Pfändung von acht „alten Männern" führte zu einem Prozess, der mit sehr viel Papier und Tinte „Dat. 12. Febr. anno 1642" zuungunsten des Berliner Magistrats entschieden wurde. O tempora, o mores!

Ja, was waren das doch noch für Zeiten, möchte man auch seufzen, wenn man jetzt die Blicke die B u r g s t r a ß e entlangspazieren lässt. Da stand zur Rechten an der Ecke der Königstraße die Alte Post, einst ein Wartenbergsches Palais, von Schlüter erbaut, nachmals das Berliner Postgebäude: vom Potsdamer Tor bis hierher fuhr Theodor Körner, wie er nach Hause schrieb, 1811 noch „über eine Stunde“. In meiner Jugend war da ein lustiger Durchgang und eine berühmte Kneipe, mit Tischen im Freien. Das Haus an der andern Ecke, noch heute das Abbild des soliden älteren Berliner Kaufmannshauses, war ursprünglich Burglehen und musste später, wie Brendicke erwähnt, „bei einem Überfalle des Schlosses einen Mann mit Gewehr zur Defension auf das Schloss entsenden“. Ein paar Schritte weiter, Nr. 15, ist das Molliussche Haus mit dem kleinen halben Freitreppchen, auf das sich der Alte Fritz, als er noch ein junger Kronprinz war, einmal vor einem wütenden Ochsen rettete, weshalb Friedrich Wilhelm IV., der ja trotz allem nicht ohne Humor war, auf Ersuchen des Hausbesitzers verfügte, der Kellerhals solle erhalten bleiben. Dann Nr. 16 das Hotel zum „König von Portugal“, heute nur noch eine literarische Reminiszenz an Lessings *Minna von Barnhelm*, die hier spielt, und das mit geistigen Gaben nicht gerade übermäßig gesegnete Bauernpaar Swart und Witt aus Reuters *Reis' nah Belligen*, das den einstens reich galonierten und betressten Portier des Hotels für den portugiesischen König hielt.

Der Blick aufs jenseitige Ufer entschädigt uns: diese letzten Türme und Türmchen, Dächer und Erker der einstigen Kurfürstenburg Friedrichs des Eisenzahns, zumal der grüne Hut, der behäbig dickliche, runde Turm, 15. und 16. Jahrhundert, sind eine Augenweide. Und malerisch ist auch der Blick spreeabwärts: die schwingenbreitenden, grünen Adler der Friedrichsbrücke, die byzantinisch-maurisch goldgenetzte Kuppel der Synagoge, die bescheidenen Backsteintürmchen zur Linken und meinetwegen dazu die blässliche Patina des Doms, ja, auch zur Rechten, nur wenig aus der Häuserzeile hervortretend, der Hitzigsche Mammonstempel mit den seltsamen „Börseanern" (Städtesymbole usf.) darauf.

Lasst uns in die Kaiser-Wilhelm-Straße und Heiligegeiststraße einbiegen. Da stehen noch ein paar alte Häuschen mit absonderlichem Fassadenschmuck, zumal Nr. 36 und vor allem 38 mit dem berühmten Neidkopf. Seine Entstehung führt das Volk auf den burschikosen und manchmal einen Harun al Raschid spielenden Soldatenkönig zurück. Der König wollte, so erzählt die Berliner Sage, die auf den wachsenden Wohlstand des hier wohnenden, jungen Meisters neidische Frau des reichen Goldschmieds gegenüber dadurch strafen ... Das ist aber auch alles, was hier noch aus vergangenen Tagen stammt.

Nicht viel besser steht es um die Erinnerungen der Spandauer Straße. Im Eckhause Nr. 33 – das alte Haus trug die Nummer 68 – wohnten Lessing und Moses Mendelssohn, der berühmte Philosoph und Großvater Felix Mendelssohn-Bartholdys. Nr. 40 ist die alte Apotheke „Zum weißen Schwan", darin Theodor Fontane Lehrling und Provisor war. Gegenüber, die efeuumsponnene Heiligegeistkapelle, Gotik des 13. Jahrhunderts, ist wieder große Kunst und Geschichte, und das Ganze, einst vom Spandauer Tor geschlossen, ein idyllischer Winkel geblieben. Denn ein Mäuerlein vorauf mit grünen Bäumen, die alt-erneuerte Garnisonkirche mit ihrer putzlustigen Wetterfahne (der friderizianische Adler und der Gardestern ohne Füllung) und ein stattliches Haus aus derselben Zeit schließen den Prospekt. Freilich: der modernwuchtige Bau der Handelshochschule, der das Kapellchen gleichsam zur Seite schubst, passt dazu wie die Faust aufs Auge.

Es ist ein eigenartiges Gefühl, sich Goethe in diesen Straßen wandelnd vorzustellen. Frisch gebackener Weimarscher Geheimer Legationsrat, war der Dichter des *Götz*, des *Werther* und *Clavigo* am 15. Mai 1778 mit Karl August nach Berlin gekommen: die Kriegsvorbereitungen, die Friedrich der Große damals gegen Österreich traf, hatten dem Weimarer Herzog „Unruhe" gemacht, und sein „Kriegsgefühl erwachte". So hatten sich die beiden Freunde denn kurz entschlossen aufgemacht und waren über Leipzig, Dessau, Wörlitz und Potsdam nach Berlin gefahren. Otto Pniower hat jetzt diese Berliner Reise Goethes in einem reizenden Buche geschildert, und daraus erfahren wir, dass Goethe sogar an der Fischerbrücke war, die Wollmanufaktur Wegelys zu betrachten, dass er in der Nikolaikirche weilte, um Spalding predigen zu hören. Goethe selbst hat wortkarg, wie er sich damals auch in der Berliner Gesellschaft gab, in seinem Tagebuch nur Schlagwörter („Kastellan ein Flegel" heißt es vom Besuche in Sanssouci beispielshalber) und Namen notiert. Und ein Name fehlt sogar in diesem Tagebuch: der Moses Mendelssohns. Der über Goethes Fehde mit dem spießigen Nicolai erbitterte Philosoph nahm den Besuch des Dichters nämlich nicht an! In einem Briefe an Frau von Stein allein steht etwas von den Eindrücken, die Goethe damals von dem Leben Berlins empfing: „Es ist ein schön Gefühl, an der Quelle des Kriegs zu sitzen in dem Augenblick, da sie überzustrudeln droht. Und die Pracht der Königsstadt und Leben und Ordnung und Überfluss, – das wäre nichts ohne die tausend Pferde, Wagen, Geschütz, Zurüstungen; es wimmelt von allem. Wenn ich nur gut erzählen könnte von dem großen Uhrwerk, das sich vor einem treibt. Von der Bewegung der Puppen kann man auf die verborgenen Räder, besonders auf die große, alte Walze, FR [Fridericus Rex] gezeichnet, mit (ihren) tausend Stiften schließen, die diese Melodien eine nach der andern hervorbringt".

In die Neue Friedrichstraße biegend – schön ist die Sicht über die Brücke hinweg auf die klassisch strengen Museumsbauten mit ihren Bogen und Säulen – und dann zur Rechten in die Rosenstraße – die seltsam spitz sich schließende Heidereutergasse mit dem alten Judenbethaus wird von dem Grün des Doms überhöht – fällt unser Blick auf die M a r i e n k i r c h e, die hier, halb seitlich gesehen, mit der Kette von Bäumchen darum, ein liebenswürdiges Bild abgibt. Immer stattlicher wächst sie empor, löst sich von der Umgebung und zeigt sich endlich als schlichteste Gotik des 13. Jahrhunderts: wie sie so schmucklos dasteht, das satte, reiche Grün des Neuen Markts in harmonischem

Kontrast dazu, vielleicht eine der schönsten Berliner Kirchen. Darum liest man auch im *Berliner Baedeker* darüber: „Eine im Äußeren ungemein nüchterne Kirche". Das steinerne Kreuz davor hat seine Geschichte. Es ist ein Sühnemal, das die Berliner setzen mussten, weil sie den Probst Nikolaus von Bernau 1323 vor der Kirche erschlugen, als er sie überreden wollte, sich Rudolf, dem Herzog von Sachsen, zu unterwerfen. Für diese Tat belegte Papst Innozenz VI. die Bürger mit dem Bann, den er erst nach reichlichem Sühnegeld wieder von ihnen nahm. Architektonisch reizvoll ist besonders die Seite nach dem Marienkirchhof hin, auch solch ein stiller Winkel, der wie vom Leben vergessen erscheint.

Der Neue Markt mit dem Lutherdenkmal ruft die bittere Erinnerung an eine Tat des Irrwahns wach: Hier war die alte Richtstätte, und hier wurden einmal 36 Juden verbrannt, weil sie die Brunnen vergiftet hätten. Das Denkmal ist gewiss wirkungsvoll, für mein Empfinden doch aber auch Theater, wie beinahe alle aus der Wilhelminischen Ära. Und so hat sich denn auch der Volkswitz mannigfach daran geübt. Über keines hier um das Schloss herum aber hat er die Lauge seines Spottes so reichlich ergossen, wie über den auf dem Schlossplatz stehenden „Aegirbrunnen" das „Forckenbecken" (Max von Forckenbeck hieß der damalige Berliner Oberbürgermeister, und Neptuns Dreizack ist die berlinisch-märkische Forke oder Mistgabel). Der alte Meergreis ist ewig berauscht und hat unverkennbar drei Zacken. Auf dem Ausgussbecken oben turnen lauter „jrüne Jungens“ herum, und darum „jrient“ Neptun auch so. Das Meisterstück aber, das Begas hier vollbracht, das sind die vier Frauensleute, die den ganzen Tag – „den Rand halten“.

Nee, nee – der gute Goethe hat schon recht: Mit den Berlinern ist nicht gut Kirschen essen; sie sind und bleiben eine „verwegene Nation“.

Zum Kreuzberg

Bismarck hat einmal dem Berliner Stadtrat Penzig eine Geschichte von einem Berliner Jüngling in den Alpen erzählt, den einer gefragt habe, ob es in Berlin auch solche Berge gäbe, und der alsbald geantwortet: „Nein, solche Berge haben wir nicht; aber wenn wir welche hätten, wären sie noch höher!"

Bismarcks Wort in Ehren – aber das kann kein richtiger Berliner gewesen sein; denn der hätte unfehlbar auf den Kreuzberg hingewiesen, der ja doch, wie Glaßbrenner verzeichnet, „mit seinem Gipfel siebzehn Fuß über der Meeresfläche liegt", in Wahrheit sogar (ich hab's aus Kürschners Lexikon) volle 62 Meter über Berlin emporragt – von der Höhe des Monuments auf ihm ganz zu schweigen!

Gewiss, die Alpen und meinetwegen selbst die Sächsische Schweiz und der Harz, die ja auch dicht bei Berlin liegen …

Als ich zum ersten Male als dreizehnjähriger Sekundaner im Harz war, hat er mir gar nicht imponiert, und ich habe mich gefreut, als ich später in Fontanes *Cecile* das Gespräch der beiden Berliner im Hotel Zehnpfund zu Thale las: „Das ist also der Harz oder das Harzgebirge. Merkwürdig ähnlich. Ein bisschen wie Tivoli, wenn die Kuhnheimsche Fabrik in Gang ist. Sieh nur, Hugo, wie das ‚Ozon' da drüben am Gebirge hinstreicht. Ach, Berlin!"

Im Grunde genommen denkt wohl jeder richtige

Berliner so oder doch ganz ähnlich. Und der Kreuzberg ist noch dazu etwas Historisches und geradezu ein Symbol. Denn dahinter kommt gleich das Tempelhofer Feld, und man müsste nicht Berliner Junge gewesen sein und an den Paradetagen frei gehabt haben, wenn man das nicht in gutem Gedächtnis hätte.

Überhaupt das Tempelhofer Feld und der Kreuzberg … Da ließ man seinen Drachen steigen, und in dem großen schattigen Garten der Tivoli-Brauerei gab's Salzbrezeln und Bockbier. Solche Riesendrachen, wie man sie in meiner Jungenszeit baute, kennt man im Zeitalter des Flugzeugs gar nicht mehr. Und ganz ernsthafte Leute, richtige Erwachsene, ließen sie auf dem Tempelhofer Felde steigen, hatten Bindfadenknäuel so dick wie ein kleiner Kürbis und saßen stundenlang und sahen auf ihren zuckenden Drachen, der nur wie ein weißes Pünktchen im blauen, weitfernigen Herbsthimmel stand. Ob wohl mehr neue Franklins darunter waren und gleich dem amerikanischen Freiheitsmann „Jupitern den Blitz und den Tyrannen das Szepter zu entreißen" träumten oder mehr Doppelgänger des harmlosen Mister Dick aus *David Copperfield*, die ihre krausen Gedanken in die Luft sandten? Wer weiß?

Von der Raupachstraße, wo wir wohnten, bis zum Kreuzberg, das war schon ein hübsches Ende, eine richtige Reise. Pferdebahnen da hinaus gab's erst seit Mitte der achtziger Jahre. Zu den zwei Pferden – „das eine Pferd, das zieht nicht, das andre, das ist lahm", sangen wir dazumal – kam vor dem Berg in der Belle-

Alliance-Straße noch ein drittes als Vorspann, und dieses An- und Abspannen, dieses Hinauf und Hinab des Pferdes mit dem klappernden Ortscheit, das war was für uns.

Vom Spittelmarkt gingen wir gewöhnlich über den Dönhoffplatz zur Friedrichstraße. Was steigen nicht alles für Erinnerungen beim Klang dieser Namen auf. Die Leipziger Kolonnaden, von Gontard 1776 erbaut, – ihr erfreulicheres, reicheres Gegenstück, die Königskolonnaden, zieren heute den Kleistpark (alter Botanischer Garten, am Ende der Potsdamer Straße) – stehen ja noch heute, und auf der Südseite bieten sie mit ihren kleinen, altmodischen Lädchen noch ganz das anheimelnde Bild von früher. Auf der andern Seite hauste wie in dunkler Höhle der Antiquar Danz und hatte in dem Säulengange seine Regale mit billigen Büchern aufgebaut, seine großen Mappen voll Bilder zu beliebigem Drinblättern und Schmökern auf die Erde gestellt. Auf Danz und die Kolonnaden folgte, die Leipziger Straße beginnend, das alte Palais Hardenberg, seit 1848 preußisches Abgeordnetenhaus: Im Innern hatte man in jenen stürmischen Märztagen eine elende Halle aus Fachwerkmauern mit erbärmlichen Sitzreihen für die Herren Abgeordneten errichtet, vom alten Windthorst treffend die „Bude" genannt, ohne Beleuchtung, wenn's regnete, tropfte es durch – und dieser Notstandsbau hat 40 Jahre als Sitzungssaal gedient!

Der Dönhoffplatz, im Viereck von niederen Häusern umstanden, bis auf zwei jämmerlich geschotterte, in der Mitte sich kreuzende Wege ungepflastert und daher bei Regenwetter ein Morast, hier und da ein Baum, ganz unmotiviert und gleichsam von der Axt vergessen, war Berlins wichtigster Marktplatz. Irre ich mich nicht, stand noch in meiner Kindheit eine Art von Meilenzeiger auf ihm; später nahm seine Stelle das Denkmal des Freiherrn v. Stein ein, von dem ein Couplet damals sang, ein Fremder habe einen Berliner gefragt, ob das nicht „von Stein" sei: „Nee", sagt der Berliner, „'s wird woll Bronze sein".

In der Leipziger Straße, dort, wo jetzt Tietz prangt, war das Konzerthaus, das einzige im damaligen Berlin, darin Benjamin Bilse, die Brust voller Orden, mit stattlichem, weißem Bart und einer mächtigen „Läusekaschel" (in seiner heimatlichen Mundart zu reden; so heißt nämlich der Schlesier eine Glatze), den Taktstock führte, für 50 und im Abonnement gar nur 40 Pfennige die musikliebenden Berliner in mustergültiger Weise mit den Werken der Großen und Kleineren bekannt machte und an seinen Walzerabenden nebenher – manche Ehe stiftete. Noch eins ist mir neben der Erinnerung an die ideellen Genüsse hier unvergesslich: Im Tunnel unter dem Konzertsaal war das Büfett, dessen Spezialität die „Jauerschen" von Hefter waren. Kaum war oben der letzte Ton des ersten Programmteils verklungen, so stürzte man die Treppen in drängender Hast hinunter; denn die zuerst kamen, kriegten die längsten Würste.

Die Leipziger Straße, heute Berlins vornehmste Geschäftsstraße, durchaus Weltstadt und namentlich des Abends mit der Perlenkette ihrer elektrischen Lampen ein überaus malerisches Bild, machte noch in den achtziger Jahren einen ganz kleinbürgerlichen Eindruck: die Häuser schmucklos, ein- und zweistöckig – das Bote-und-Bocksche (Nr. 37) gibt davon noch einen Begriff. Kaum ein paar kleine Läden gab es – wer weiß sich noch der Anfänge von Wertheim in dem kleinen Häuschen an der Mauerstraßenecke zu erinnern? – auf beiden Seiten des Fahrdammes der schmutzige „Rinnstein“, mit Bohlen vor den Hauseingängen zugedeckt, dazu des Abends die gelblich flackernden Gaslaternen.

Die Friedrichstraße wirkte kaum viel anders, durch ihre Endlosigkeit und das Schnurgerade ihrer Querstraßen vielleicht nur noch langweiliger. Man merkt ihr die Entstehungsgeschichte immer noch deutlich an: dieses Straßen- und Häuser-aus-der-Erde-Stampfen auf Befehl des Soldatenkönigs. Die Häuser in Reih' und Glied ausgerichtet – die „Regularität derer Straßen“ wurde dazumal tatsächlich von der Militärbehörde „observiret“! – mussten die gleiche Dachfirsthöhe haben und möglichst eines wie das andere aussehen; sie waren sogar ganz gleichmäßig verputzt und mit derselben Farbe gestrichen! Ein zeitgenössischer Poet sang davon begeistert:

„Der itzt gedachte Putz der Farben fällt ins Gelbe
Und kommt, wie man bemerkt, Orangeäpfeln bei;
Woraus denn allsofort zu schließen, dass derselbe
Für die Beschauenden ein' Augenweide sei.“

Diese Häuser hörten übrigens noch um die Mitte des

vorigen Jahrhunderts bald hinter der Kochstraße auf und machten den in Grün gebetteten Anwesen der sogenannten „Viehmeister" Platz, die den Süden Berlins mit Milch und Käse versorgten.

Schön ist in diesem Südteil der Friedrichstraße nur der Blick längs der Kochstraße auf das Palais Friedrich Heinrich (wir nannten es Prinz Albrecht) in der Wilhelmstraße, das eine lustige Bauhistorie hat. Ein Baron Vernezobre de Laurieux, der in Paris bei dem Lawschen Papiergeldschwindel (1720) sein Vermögen erworben hatte, ließ es bauen, damit seine Tochter einen Mann ihrer Wahl heiraten durfte und nicht dem Freier von des Soldatenkönigs Gnaden die Hand zu reichen brauchte. Später hatte hier des Alten Fritzen Schwester Amalie ihre Sommerresidenz; im Winter wohnte sie Unter den Linden 7 (heutige Russische Botschaft). Im Hause Nr. 12 hatte in meinen Kindertagen Brockmann sein famoses „Affen-Theater" aufgeschlagen; die Affen, Meerkatzen und Paviane, führten, in ulkigen Kostümen steckend, ganze Komödien auf, besser als manche andern Menschen, würde Glaßbrenner sagen. Ein paar Häuser weiter, auf der andern Seite (Nr.235) hat Chamisso über ein Jahrzehnt bis zu seinem Tode gewohnt. Im Jahre 1880 wurde in dem damals noch mit alten Obst- und Kastanienbäumen bestandenen Garten eine Erinnerungsfeier an den Dichter veranstaltet und ein Bronzemedaillon an der Front des Hauses enthüllt. Heut ist das Medaillon verschwunden, das Haus eines der vielen Kinogebäude hier. Aber der Dichter hat dafür auf dem stillen Monbijouplatz ein Denkmal erhalten. Ein wenig zerrissen gibt sich der Abschluss der Friedrichstraße durch den B e l l e - A l l i a n c e - P l a t z , so schön der Platz an sich ist: diese Rauchsche Viktoria auf der Cantianschen Säule, diese Marmorgruppen der Verbündeten von Belle-Alliance im Rund um die Säule, England und Preußen zur Rechten, Niederlande und Hannover zur Linken, diese Göttinnen der „Geschichte" und des „Ruhmes", wo die Stufen zum Straßenniveau hinaufführen, diese Torbauten oben mit den Sandsteingruppen der vier Jahreszeiten. Ein Großstadtbild: die Hochbahnbrücke, darunter und dahinter die Belle-Alliance-Brücke mit ihren die Arbeit im Frieden verkörpernden Marmorgruppen, die Türme der Heilig-Kreuz-Kirche, Schornsteine, das Warenhaus, der Fluss, Baumgrün, und rückwärts gesehen der Dreizack der sich zum Platze öffnenden Wilhelm-, Friedrich- und Lindenstraße, ein bisschen verworren-verwirrend und allzu hastig, lärmend, nervös.

Die B e l l e - A l l i a n c e - S t r a ß e: Kasernen und Kirchhöfe, ein Haus trägt an der Front die Büsten der preußischen Herrscher, ein byzantinischer Gruß an das Defilee der Paraden von einst, ist nüchtern, preußisch, trotz der Baumalleen, unruhig. Aber dann kommt die stille, steil ansteigende Lichterfelder Straße, und mit einem Male ist das Hässliche, nach dem Lineal Gezogene verschwunden. Und noch eine idyllische Schönheit ist in all dem Straßenlärmen hier geblieben: Riehmers Hofgarten zwischen York- und Hagelsbergerstraße.

Wie ein Stück Sächsische Schweiz und Thüringer Land nimmt uns jetzt der herrliche Viktoriapark auf, über jedes Lob erhaben, Kunst und Natur hier wahrhaft eines nur. Und ein unvergleichlicher, ergreifender Blick auf Berlin, die Weltstadt, die „Bergstadt der Kultur“, wie Jean Paul unsre Vaterstadt einmal genannt hat.

Nach Charlottenburg

Wisst Ihr, was ein „Schlorrendorfer" ist? … Nee, nee, ich meine nicht wenn Kinder – oder auch mal ein Erwachsener – sich mit dem feuchten Näschen – Ihr versteht mich schon – den Rockärmel polieren. Nein, 'n „Schlorrendorfer" ist ein Charlottenburger Bürger; das ist weltbekannt. Ich habe mal an Freund Zille von irgendwoher, ich glaube aus Weimar, eine Karte geschrieben: „Dem Malermeister Heinrich Zille, Schlorrendorf" und die hat er richtig bekommen! Aber ich will doch lieber vorbeugen: „Schlorrendorf", das erkläre ich hiermit ausdrücklich, soll keine Beleidigung sein; denn – viel besser sind wir Berliner auch nicht. Es ist ein altes Sprichwort, und Sprichwörter sollen ja wohl immer wahr sein: „Berliner Kind, Spandauer Wind, Charlottenburger Pferd, sind alle drei nichts wert". Jacke wie Hose sozusagen auf Berlinisch, und Heine behauptet vollends, dass man in Charlottenburg das Berlinische noch besser spreche als in Berlin selbst.

„Charlottenburger Pferd" – ob das nun wirklich alles Charlottenburger Pferde waren, die da, in meinen Kindertagen, klapperdürr und mit hängendem Kopf, gleich hinterm Brandenburger Tor, am Anfang der Charlottenburger Chaussee, vor den „Torwagen" standen, will ich nicht beschwören. Aber beschwören kann ich, dass immer zwei, drei solcher echt berlinischen, dackelartig langgestreckten, rotplüschigen, nach ihrem Erfinder, dem Berliner Fuhrherrn Kremser, benannten Torwagen dastanden, und dass der Kutscher halbestundenlang wartete, bis die angeblich „man bloß“ noch fehlende „eene lumpichte Person“ sich angefunden hatte, ehe er losfuhr oder richtiger „loszoddelte“.

Aber von der Charlottenburger Chaussee, hier am Brandenburger Tor, – und das ist schon was, dieser Blick auf das Tor! – habe ich noch einen andern unvergesslichen Eindruck, die Erinnerung an jenen eisig kalten Märztag 1888, als sie den alten Kaiser Wilhelm mit unerhörtem Pomp zu Grabe geleiteten. Der Beethovensche Trauermarsch, der Chopinsche, Jesus meine Zuversicht …, das klingt mir mit den gedämpften Trommelrhythmen noch immer im Ohr. Zu wahren Bergen lag der Schnee gehäuft, die Bäume aber waren bis zum Wipfel schwarz von Menschen. Wir Jungens standen hier Spalier, und es fror Stein und Bein. In dem hellen, weißen Wintertag hatten die qualmenden, gelblichroten Fackeln, das flammende Pech auf den Kandelabern etwas wahrhaft Herzbeengendes. So war an jenem Tage die Charlottenburger Chaussee eine erschütternde Via triumphalis des Todes.

Die Charlottenburger Chaussee, so liebenswürdig in dem dunklen Schatten ihrer alten Bäume und dem gepflegten Grau der Seitenpfade, wie oft bin ich sie nicht entlang gewandert! Die Siegesallee, in meinen Kindertagen noch ein frohes Grün und nicht so kalt und starr von all den marmornen Askaniern, Bayern, Luxemburgern und Hohenzollern – wisst Ihr auch, dass Heinrich Zille dort „mittenmang“ als Porträtbüste steht, seinem Namensvetter Heinrich dem Kinde, als echte, rechte Kriegsgurgel im Sturmhut zum Schutze beigegeben?! – der Goldfischteich, die feisten, roten Karpfenrücken, seltsam gebrochene Striche und Flecke in dem vom dunklen Wasser gespiegelten Grün, der Floraplatz mit seinen alltäglichen Sonntagsreitern … „Salons“ hießen noch zu Goethes Zeit diese Plätze und verfänglich genug ein „Venusbassin“ der Goldfischteich.

Und drüben nicht sichtbar, aber in das Ohr sich schmeichelnd, K r o l l, „Krolls Etablissement“, im Winter mit seiner Weihnachtsausstellung und den Weihnachtsmärchen das Entzücken aller Kinder, im Sommer Konzertgarten und Oper, ein feenhafter Garten, von tausend bunten Lämpchen erhellt: blühende, glühende Rabatten und Bäume aus buntschimmerndem Glas …

Und weiter dann lärmender, rauschender, gleich mehrere Kapellen auf einmal: die „Zelten“. Ein merkwürdiger echt Berliner Plural für Zelt. Zur Zeit des Alten Fritz, der den Tiergarten eigentlich erst schuf, standen hier nämlich zwei veritable Leinwandzelte, darin französische Zuckerbäcker Erfrischungen feil hielten. Diese „Zelten“, was waren die uns einst?! Dem Kinde hießen sie schulfreie Nachmittage mit den Eltern im Grünen, mit Salz- und Zimtbrezeln und roten und blauen Luftballons. Dem Studenten waren sie Ort heimlicher Rendezvous und, nun ja, des – hm, hm, Katerfrühstücks, notabene so morgens um 7 Uhr schon und nicht immer in ganz einwandfreier Begleitung …

Die Bellevue-Allee, am Kleinen Stern, dieses immer schlafende Schlösschen im Hintergrunde; der Große Stern, auch viel naiver, idyllischer einst; die Hofjägerallee mit der Erinnerung an die Blumenkorsos – welche farbigen Bilder werden da wieder wach, welche Schönheit, welche Grazie lebt da wieder auf! Und dann die Idylle Charlottenhof, dies zierliche, zärtliche Bibelot unter den Berliner Kaffeegärten von einst. Und drüben nun der Neue See, im Sommer lebendig von lustigen Booten und den Wildentenscharen, im Winter schwarz von den Pärchen, die Schlittschuh liefen. Ich rieche noch heute das Schmalz, darin in der Pfannkuchenbude die leckeren, braunen Dinger gesotten wurden, und rieche all den Punsch und Grog, die traditionell zu solchem Eislauf hier gehörten, – so gut gehörten wie die Kapelle der blauen Dragoner oder roten Husaren in dem großen Pavillon mitten auf dem Eise.

Und dann kam die hölzerne Brücke und Charlottenburg begann. Welch seltsame Ouvertüre: hüben winzige Häuschen ganz in Grün gebettet und drüben die ernste Masse der Technischen Hochschule und dahinter gleich das Hippodrom und das „Charlottenburger Knie".

Dieses zweideutelnde „Knie" ist eigentlich auch echt berlinisch; für so was hat der Berliner entschieden ein Faible, und so manches Couplet besang denn einst auch dieses besondere „Knie" – worauf sich ja ganz zwanglos eine „sie“ und im besondern „Marie“ reimt. Heute ist das ein imposantes Bild, dieser breite Straßenstern: Charlottenburger Chaussee, Berliner Straße, Bismarckstraße, Hardenbergstraße und stiller und wie verloren auf der andern Seite die Marchstraße. Einst war das fast dörflich hier, und von diesem Dörflichen ist noch vieles und viel in das prachtvolle Straßenbild von heute gemischt: die wundervollen alten Linden, die schon Jettchen Geberts zierliches Biedermeiertrippeln mit ihren zitternden Schatten überhuschten, wenn sie aus Frau Könnekes Haus auf die Straße trat und heimlich Ausschau hielt nach Onkel Jason oder gar seinem Freunde Kößling … Solche Könneke-Häuschen schlingen sich auch heute noch – reizende, rührende Anachronismen – in den Reigen der langweilig steifen, hohen andern Häuser und geleiten uns hinunter zu dem neuen Rathaus, das einfach schön und modern ist, und deuten auf das schlichte Luisenkirchlein am Ende der Scharrenstraße und leiten uns vorbei an dem Altersheim mit seinen in ihrer unmodischen Naivität ergreifenden Tonreliefs: dem Greise, der, müde heimkehrend, von der sorglichen Gattin empfangen wird, und den glücklichen Alten am warmen Ofen.

Ich biege wieder in die Berliner Straße ein, und eine unvergessliche Erinnerung erhebt lächelnd ihr blumenumkränztes Haupt: die „Flora“. Ich habe, wie ich das niederschreibe, das Gefühl von etwas Festlichem und strahlender Sommerpracht. Eine breite, lange Terrasse, Tisch bei Tisch weiß gedeckt und

Weingläser darauf, Damen mit roten Sonnenschirmen und Florentiner Hüten mit weißen Straußenfedern – davor die leuchtend grüne Rasenfläche. Ein riesiges Gewächshaus voller Palmen und Farne, die heiße, feuchte Luft benimmt einem schier den Atem. Und plötzlich Gewehrknattern, Pistolenschüsse, Peitschenknallen, seltsame Schreie: Buffalo Bill mit seiner Indianertruppe und seinen Cowboys – sie überfallen die vorsintflutliche Postkutsche. Dichte Staubsäulen, von Pferdehufen aufgewirbelt, Pulverdampf und – ein polnischer Jude mit langen Locken, der aus der Kutsche zu einem Fenster sich hinauswindet, aufs Dach klettert, im andern Kutschenfenster wieder verschwindet, hier ist, da ist und schließlich natürlich „skalpiert" wird. Und noch eine Erinnerung an die Flora habe ich. Sie ist eigentlich recht prosaisch, aber warum soll ich sie nicht erzählen – „zwei Seelen wohnen, ach, in meiner Brust", bekennt ja sogar Faust-Goethe. Auf der Terrasse habe ich, ich war so zehn, elf Jahre alt, zum ersten Male – „Neuchâteler" gegessen. Ach, hat mir das damals imponiert, dieser schneeweiße, bröcklige, ganz in Silberpapier gewickelte Käse und der Gipfel des Entzückens: Der ihn mit mir teilte, das war ein frischgebackener Sommerleutnant in funkelnagelneuer Uniform mit einem richtigen, langen Degen, den ich sogar aus der ledernen Scheide ziehen durfte!

Der Luisenplatz kommt mir heute ein bisschen stillos vor, ein bisschen Theaterei, obwohl das Kaiser-Friedrich-Denkmal in seiner Architektur Wucht hat, obschon die beiden Kasernen mit ihren runden Säulentempeln oben drauf gewiss originell sind, und obschon das riesenlange Schloss des ersten Preußenkönigs und der leibnizisch-philosophischen Sophie-Charlotte mehr ist als eine bloße Erinnerung an Schlüters und Eosanders Baukunst. Aber ich weiß nicht, dieser schwarze, niedere Bau sieht mir immer so aus, als wäre er von der hohen, trotz allen Durchbruchs massigen Kuppel so flach und platt gedrückt, und die flatternde, goldene Puppe darauf amüsiere sich darüber.

Oder amüsiert sie sich darüber, wie hier im Charlottenburger Schlosse ein Spaßvogel von einst den großen Napoleon ins Bockshorn jagte? Stand da in einem Zimmer, so hat's der alte General v. d. Marwitz auf Friedersdorf aufgezeichnet, eine mechanische Uhr, die um die volle Stunde ein Trompeterstück, im Chor geblasen, aufs täuschendste nachahmte. Diese Uhr hatte nun ein Diener heimlich in Gang gebracht und um Mitternacht ging das Spektakel los. Trompeten ertönten durch das Schloss, die Adjutanten, die Dienerschaft, Napoleon selber fahren aus den Betten und glauben an einen Überfall. Aber alles ist bald wieder still, die preußischen Trompeter sind verschwunden, als hätte sie die Erde verschluckt. Posten werden ausgestellt, die Adjutanten und Napoleons Kammerdiener bleiben auf den Beinen – punkt ein Uhr dasselbe Alarmgeblase – aus einem Zimmer tönt's – und siehe da: Die unschuldige Uhr wurde ertappt und zum Schweigen gebracht, noch ehe der Schabernack zu Ende war.

Der Schlosspark, Siméon Godeau, ein Schüler des Versailler Gartenschöpfers Le Nôtre, hat ihn 1697 angelegt und Lenné ihn erweitert, gewiss, er hat Wunderschönes in einzelnen Partien, aber das Ganze fließt nicht zu rechter Harmonie zusammen. Und das Belvedere, das vom Spreeufer herüber winkt mit verschmitztem Zwinkern, jener Teepavillon der Schäferstunden und des Geisterspuks Friedrich Wilhelms II., zerreißt das noch mehr. Aber ein ganz Großes und Heiliges fast birgt der Charlottenburger Schlosspark: in seinem Mausoleum die Rauchschen Marmorsarkophage der Königin Luise und Friedrich Wilhelms III. Und nach dem Kriege standen längs der Orangerie, vor den törichten Römerbüsten, niedrige, braune Holzbaracken, in denen den Kriegsverstümmelten Hilfe gebracht wurde. Und das ist eben so groß und ergreifend, dünkt mich, wie das Mausoleum.

Nach Schöneberg und Steglitz

Eigentlich müsste diese Reise wohl mit dem Potsdamer Platz beginnen. Aber meine Erinnerungen lassen mich hier im Stich. Denn so erbärmlich, wie ich ihn im Gedächtnis habe, kann der Potsdamer Platz doch Ende der siebziger Jahre nicht mehr ausgesehen haben – oder doch?! – einfach ein unregelmäßiger, hässlicher, leerer Raum, gleichsam ein gähnendes Loch in der Straßenkreuzung, umrahmt von ebenso erbärmlichen, kleinen Häusern.

Mit den beiden noch von Schinkel herrührenden, tempelartigen Torbauten schloss die Leipziger Straße ab, und dann kam eben dieses Nichts. Ich weiß auch nicht mehr recht, ob damals noch mehrmals am Tage der merkwürdige „Verbinder" über den Potsdamer Platz schlich: ein riesenlanger Güterzug, dem ein Beamter, mit einer großen Glocke läutend, vorausging. Aber ich erinnere mich noch des putzlustigen, engbrüstigen Apothekerhäuschens, das da stand, wo heute Josty ist: Ein paar eiserne oder hölzerne Stufen mit einem Geländer führten hinauf, und ein mächtiges, steiles Dach drückte es dann zu Boden.

Heute … gibt es noch ein Bild, das die moderne Großstadt Berlin so vollendet verkörpert, wie der Potsdamer Platz? Dieses Hasten, Lärmen und Durcheinanderwimmeln von Wagen und Menschen und doch die Ordnung darin, diese lange Zeile von Straßenhändlern rings um das an die Bordschwellen unablässig brandende Wogen: Blumenverkäuferinnen, Zeitungshändler … Diese Häuserpaläste (nicht alle gerade geschmackvoll), diese Lichterfülle des Abends, diese großzügigen Prospekte: die festlicharbeitsfrohe Leipziger Straße – wie eine leuchtende Perlenschnur hängen die Lichtkugeln darüber – die ernste, etwas nüchterne Königgrätzer mit dem Bahnhofsgebäude, die Budapester, nunmehr Friedrich-Ebert-Straße, die immer irgendwie an große Politik und Bismarck erinnert, die trotz allem immer noch in ihrem Grün vornehm und reserviert wirkende Bellevuestraße, die stets leicht erregte Potsdamer Straße … das ist das Herz des Groß-Berlin von heute und zu jeder Tageszeit ein unvergesslicher Eindruck.

Die Potsdamer Straße war einmal eine richtige Chaussee, vom Soldatenkönig bis nach Schöneberg hin mit Weiden bepflanzt, und das Stadtgebiet vor dem Potsdamer Platz hieß einmal das „Cöllnische Sommerfeld". Gärten über Gärten und dazwischen kleine Häuser und Landhäuser und sehr viel „Jejend", so war's noch in meinen Kindertagen hier überall, und der alte Helmerding sang damals: „Kommt man vor das Potsdamer Tor, kommt Berlin einem wie ein Blumengarten vor."

Blumengärten – na ja, es waren wohl nicht selten echt Berlinische darunter, solche wie der, von dem Fontane aus der Lützowstraßengegend einmal einem Freunde schrieb: „Wir saßen vorgestern beim Nachmittagskaffee in unsrer Geisblattlaube und sogen die echte Berliner Gartenluft – Blumen vorne und Müllkute hinten – in vollen Zügen ein …"

Nur bis zur Brücke – einer jämmerlichen, hölzernen Aufziehbrücke – standen noch größere Häuser gereiht, und an manches davon erinnere ich mich noch sehr gut. Wo heute der Prachtbau der „Gesellschaft der Freunde“ sich erhebt (Nr. 9), war damals „Sommers Salon“, und in dem dazu gehörigen, ziemlich großen Biergarten, von dem sich noch ein kleines, lauschiges Winkelchen erhalten hat – ich sah's neulich nicht ohne Rührung aus dem großen Prunksaal oben wieder – spielte Liebigs Sinfoniekapelle, lange vor Bilse und den Philharmonikern, Haydns, Mozarts, Beethovens Sinfonien und manches Werk der Kleineren. Greifbar klar noch steht mir der Musikpavillon in der Erinnerung, und ich höre wieder Schumanns romantische *Träumerei*, „Cellosolo mit Orchesterbegleitung“, Niels W. Gades weichlich-mystische *Ossian-Ouvertüre*, den gestrafften Preußenmarsch aus Raffs *Leonore*, den pompös-prächtigen aus der berühmten Suite von Franz Lachner – halbvergessene Musik, vorwagnerische, noch nicht so lärmende, das Entzücken unsrer Väter.

Ein paar Häuser weiter kam „Frederichs Restaurant“ mit seinem merkwürdigen, ganz und gar aufs Sommerliche zugeschnittenen, hölzernen, naiven Vorbau – Menzels Stammlokal. Hier sah man ihn oft am Fenster sitzen, ein Vogel-Plauenscher Gnom, ganz Riesenkopf und Brille, verkniffen, mürrisch, und spät abends tauchte er noch einmal bei Josty auf, saß hinter mächtigem Zeitungsblatt an einsamem, rundem Tischchen und – schlief.

Gegenüber von Frederich, Nr. 134c, – jetzt steht da der Prachtbau des „Bazar“ – hat Theodor Fontane im obersten Stock, drei Treppen hoch, ein Vierteljahrhundert gewohnt. Alles, was er uns an größeren Dichtungen gab, ist hier geboren, und hier ist der Dichter auch 1898 gestorben. Die Wohnung hat ihn beglückt und geärgert. Beglückt, weil er hier arbeitsreiche, zufriedene Zeiten verbracht, geärgert, weil er sich des Unstandesgemäßen, „Popligen“ einer Drei-Treppen-hoch-Wohnung bewusst war. Diesem Ärger hat er in einer noch unveröffentlichten Plauderei ganz fontanesch-berlinischen Ausdruck gegeben, und darum will ich ein paar Stellen daraus (nach der Mitteilung seines Sohnes Friedrich) hier wiedergeben, darum, und weil die Schilderung typische Verhältnisse aus dem Berlin meiner Jugend zeigt.

„Drei Treppen hoch wohnt sich's gut“, schreibt er, „es hat was für sich, dass man da freier atmen kann, dem Himmel näher ist. Aber je höhere Treppen man steigt, desto mehr kommt man auf der Rangleiter nach unten, und wenn der Sommer kommt, kommt allerhand, das einen mahnt, dass man so hoch wohnt. Jeder Tag führt einen Schlag gegen die Drei-Treppen-hoch-Leute. Winters geht es, da wird man so mit durchgeschleppt, aber im Sommer fallen die Schläge. Das gibt eine lange Liste. Sommers wird gestrichen, mitunter das ganze Haus, oder, wenn nicht das, so doch die Treppen. Es wird wieder für Sauberkeit gesorgt … Aber an der obersten Stufe der zweiten Treppe hört die Erneuerung auf. Ich könnte mich beschweren, ich könnte mit Auszug drohen. Komisch! Drei-Treppen-hoch-Leute dürfen nicht. Sie sind froh, ein Unterkommen gefunden zu haben. Wozu auch? Überall dasselbe oder aus dem Regen in die Traufe … Um dieselbe Zeit wird es auch gefährlich. Im ganzen Hause geht das Gas aus. Was nur zwei Treppen hoch wohnt, ist fort, und was drei Treppen wohnt, ja, das ist da. Aber dass es da ist, das ist eben Beweis, das spricht gegen die Leute, sonst wären sie nicht da. Wozu also ihnen zu Ehren drei Etagen beleuchten? …"

Solch eine verdrehte, zwiegeteilte Brücke wie die Potsdamer Brücke von heute gibt's wohl nicht noch einmal, und solchen Blick über den Kanal und die wundervollen, alten Bäume, mitten in der Stadt, gewiss auch nicht zum zweiten Male. Und wie ich heute auf die Böschung schaue, kommt mir plötzlich in den Sinn, dass ich hier einmal mit Heinrich Seidel an einem wundervollen Sommerabend entlang spaziert bin. Das letzte Sonnengold sprühte durch das dichte Blätterdach, wir sprachen, in Schauen versunken, kaum miteinander, und plötzlich blieb Seidel stehen, hielt mich am Rockärmel fest und lachte: „Wissen Sie, hier habe ich mal die zünftigen Berliner Botaniker nett reingelegt". Und dann erzählte er, wie er hier auf der Böschung das zierliche Zymbelkraut (Linaria cimbalaria) heimlich ausgesät – „angesalbt" nannte er es –, und was dann das unerklärlich massenhafte Auftreten dieses fremden Pflänzleins für ein „wissenschaftliches" Aufsehen erregt habe. Er hatte das kleine Horndöschen mit den winzigen Samenkörnern für vorkommende Fälle stets bei sich in der Tasche, und ich sah ihn so einmal, seine geliebte Linaria cimbalaria auch auf den Ruinen von Kloster Himmelpfort sorglich aussäen.

Das ist ja hier überhaupt Heinrich-Seidel-Gegend, das weltabgeschiedene „Karlsbad“ mit seiner alten Gartenpracht, das einst ein wirkliches Bad war, und hier wohnte ja auch Freund Schellenbogen Rodenbergschen Angedenkens, und dann sind Erdmann Graesers Lemkes hier hingezogen und haben am Schöneberger Ufer ihre Gartenwirtschaft gehabt ... Noch merkwürdiger fast als das Karlsbad ist die „Potsdamer Privatstraße“, und gleich daneben kommt der „Sternkieker“ von einst, die stolze Astronomenvilla im Garten, in der nachmals Meister Joachim als Direktor der Königlichen Hochschule für Musik jahrzehntelang das Zepter und den Taktstock schwang.

Sie hat etwas nüchtern Geschäftsmäßiges und eigentlich langweilig Hässliches, die Potsdamer Straße von heute, die sich immer so nervös gibt, und gar nichts mehr von dem „Blumengarten“ aus dem alten Couplet. Diese Querstraßen: Die Lützowstraße, Steglitzer, Kurfürstenstraße, ja, selbst der Boulevard der Bülowstraße mit dem langen Hochbahnviadukt, monoton, unschön und manchmal fast armselig sieht das aus. Früher: die netten kleinen Häuschen und die Gärten, o, wie genau ich das noch weiß: Ich will's nur verraten – an der Ecke der Lützowstraße (Nr. 35, jetzt Nr. 90) bin ich nämlich am 11. Januar 1873 geboren („wenn Se mir vielleicht wat schenken wollen“, sagt Glaßbrenners Nante vor Gericht bei Angabe seiner Geburtsdaten) – und mein „Schloss Boncourt“ (wisst Ihr: „Ich träum’ als Kind mich zurücke“) gehörte dem Schlächtermeister Valdieck und war nur einen Stock hoch. Im Garten vor dem Hause stand ein einziger Baum, eine alte Kastanie; aber es war doch eben „unser“ Garten und ganz besonders „mein“ Baum. Nebenan und drüben – Nr. 113, das heutige Gurlittsche Haus, gibt noch eine Vorstellung davon – waren wohl größere Gärten, und ringsum dehnte sich, wie gesagt, „Jejend“. Wer das Skarbinasche Aquarell vom Nollendorfplatz aus dem Jahre 1885 kennt, der kann sich einen Begriff davon machen, wie lange und wie sehr das hier alles „Gegend“ war, und da lag ja auch irgendwo in dieser Gegend das stolze Holzkasten-„Schloss“ und die Gärtnerei von Dörr, und Lene Nimptsch ging selig am Arme ihres Botho zwischen den Johannis- und Stachelbeersträuchern, zwischen Reseda, Levkojen und Thymian auf und nieder, und in die beginnenden „Irrungen – Wirrungen“ klang das Konzert vom Zoologischen Garten.

Das Gurlitt-Haus – wenn wir durch den viel später erbauten Torweg schreiten, öffnet sich jäh ein weltabgeschiedenes Plätzchen mit Villen und Gärtchen. Zur Linken ein nüchternes Backsteinhäusel. „Labor gaudet, 1874, A. v. W.“ steht an der Front, und im Hausflur hat der als Maler nur zu fleißige Anton v. Werner dies Latein in den Goethespruch verdeutscht: „Tages Arbeit, abends Gäste“ und Könige und Fürsten als Gäste empfangen. Man denke sich: Beinahe hätte Max Pechstein diese Villa erworben!

An der Pallasstraße, wo heute der Kleistpark (pardon: Heinrich-von-Kleist-Park) ist mit den alten Königskolonnaden und dem stolzen, neuen Kammergericht, kam der Botanische Garten. Ein vollkommenes Idyll, naiv bei aller Wissenschaft, ein wahrer Garten, uralt, als „Churfürstlicher und Königlicher Küchengarten ehedessen angelegt und sonst unter dem Namen des Hopfengartens bekannt", verzeichnet Büsching, ein wahrer Garten voll Blumenduft und Vogelsang, und Chamisso saß hier in einer Laube und bestimmte sein „Heu" und sang sein rührend schönes *Frauenliebe und -leben.* Was hat mich als Jüngling der Anblick dieser „Chamissolaube" nicht jedesmal ergriffen: Du lieber Gott, ich war verliebt, schrieb selber Verse und wollte zu all dem Unglück auch dereinstens wie Chamisso Weltumsegler werden.

„Das war in Schöneberg im Monat Mai" ... Sanft steigt die Straße den „Schönen Berg" in die Höhe, zur Rechten noch immer, hinter den Häusern versteckt, große, ländlich verwilderte Gärten und Kuhställe wie einst. Noch immer längs der Hauptstraße überall hier und da winzige Häuschen: Bauernhäuser, Landhäuser, Villen mit Parks. Gleich vorn steht so eines noch: die „Maison de santé", das Irrenhaus – im Kriege hatten sie die französisch beschönigende und doch so mitleidslose goldene Inschrift mit einer Fahne verhüllt – heute ist's ein „Mietseinigungs- und Wohnungsamt" geworden. Drüben der „Schwarze Adler" das sechs Tage lang heiß ersehnte Sonntagsvergnügen der Dienstmaid und ihres Musketiers, ist längst neumodisch verfeinert. Dieser hübsche Straßenprospekt voraus: schnurgerade Reihen von schattigen Bäumen, inmitten die alte Promenade und hinten rechts das Bild schließend und überhöhend der Rundturm der neuen Kirche. Mir freilich gibt das alte, gar so schlichte, friderizianische Kirchlein mit der Wetterfahne von 1764 und dem alten Kirchhof dahinter mehr.

Es ist noch nicht lange her, gewiss keine fünfundzwanzig Jahre, da schloss sich an dieses Ende von Schöneberg weit und breit freies Feld: Ackerland, Laubengelände, Weiden, Wiesen, und all diese neuen Straßenzüge hier an der Friedenauer Grenze haben mit ihren klaffenden Häuserlücken und gähnenden Baustellen trotz der großzügigen Anlage, trotz Asphalts und elektrischen Lichts noch etwas Unfertiges, Unausgeglichenes – sind, darf ich es mit einem Georg Hermannschen Wort sagen, gewissermaßen noch: Kubinke-Milieu. Auch das Friedenau hier an der Chaussee nach Potsdam (Rheinstraße) und selbst das viel ältere Steglitz (Schloßstraße) können solchen Eindruck des zu schnell Gewachsenen nicht verleugnen –, eines dicklichen Jungen, dessen zu kurzer und zu enger Anzug, prallgestopft wie eine Wursthaut, in allen Nähten kracht, wenn er sich bewegt. Neues und Altes dicht neben einander; aber es klingt nicht immer zu so schöner Harmonie wie das neue Friedenauer Rathaus und das enge Marktgewimmel auf dem kleinen, alten, baumbestandenen Platze ihm zu Füßen oder, gehst

Du die Lauterstraße hinunter, der lichte Birkenwald des alten Maybachplatzes und das im Heidelberger-Schloss-Stil erbaute Gymnasium.

Aus der Kaiser-Allee keuchte einst die unsagbar plumpe Dampfstraßenbahn nach Steglitz hinein, und mit ihr fuhren wir bei mancher Schülerlandpartie und liefen dann weiter nach Zehlendorf. Alles hier Felder, Wiesen, Sand, Gräben, dazwischen Teiche, tief in den weichen Boden eingeschnittene Gleise, längs der Feldwege wie von Altersgicht verkrüppelte Weiden mit gesträubten Haaren, ein Kirchturm in der Ferne ... Und in der Schloßstraße wechselten Hasen, stand ein lustiger Dorfkrug mit Futterkrippe, und die Berliner Kutscher machten hier, halbwegs, wenn sie nach Potsdam fuhren, Halt, war eine echte, rechte Dorfschmiede noch mit funkensprühender Esse und dem lustigen Klingen der Hämmer, so vor kaum fünfundzwanzig Jahren. Und dann schloss das „adelige Dorf" das heimelnde Wrangelschloss (heute: Schlosstheater) und der prächtige Park, erhob sich zur Rechten der weithin herrschende Fichtenberg mit seinen Villen ..., noch heute wohl das Schönste, was ich so nahe bei Berlin mir weiß.

Wenn ich an dies ländlich naive Steglitz von damals denke, dann fällt mir immer jene Glaßbrennersche Geschichte von dem Berliner ein, der durch Steglitz ging und den Wirt des Dorfkrugs gerade damit beschäftigt sah, einen Jungen erschrecklich durchzuprügeln. Als er mitleidig fragte, wer denn der Knabe wäre und was er verbrochen, meinte unser Steglitzer seelenruhig: „Der? Der is aus de Stadt, mein'n Bruda seina, un hält sich bloß zum Vajniejen hia 'n paar Dage uff“.

Nach Stralau und Treptow

„Verjangnen Fischzug", das war mal eine Zeitbestimmung in Berlin: Julius v. Voß' köstlich berlinerndes Volksstück *Der Strahlower Fischzug* [1821] hat gerade vor hundert Jahren im Schauspielhause wahre Triumphe gefeiert, Glaßbrenner hat dies einzige Volksfest in Vers und Prosa besungen, Hosemann es gemalt. Und selbst ein so griesgrämiger Historiker wie Ranke hat gemeint, in seiner *Deutschen Geschichte* bei der Schilderung des Berliner Lebens in der Zeit nach der Restauration (wohlverstanden der historischen) notieren zu müssen: „Im Hochsommer strömte alt und jung hinaus, um sich beim Stralauer Fischzuge an den Nationalgerichten Aal, Gurken und Weißbier zu erlaben".

Das war einmal: der Stralauer Fischzug ist tot, im August 1914 gestorben, und, ehrlich gesagt, das ist nicht mal allzuschade, er war längst schon altersschwach und verkalkt, ein lebender Leichnam. Was sollte auch der Berliner von heute mit einer so harmlos ausgelassenen Lustigkeit, wie sie beim „Fischzug" traditionell war, denn noch beginnen? „Rummel" hat er allenthalben das ganze Jahr, und ohne Paprika (eigentlich ist's schon Cayennepfeffer) schmeckt ihm scheinbar überhaupt nichts mehr – nein, der „Fischzug" ist tot und begraben und liegt wohl in irgendeinem Winkel des wunderbaren kleinen Stralauer Kirchhofs da draußen an der Spree.

Dieser Kirchhof am Wasser mit seinen alten Bäumen und seinem Efeu, mit seinen verrosteten Kreuzen, seinen alten Steinen und Urnen – drüben der Treptower Park, die leuchtenden Wiesenflächen und auf dem Flusse, der so manchen verschlang, der nun hier schläft, Boote und Segel, Kähne und Dampfer – dieser alte, kleine, melancholische und doch wieder freundlich einladende Kirchhof allein möchte schon genügen, eine Reise nach Stralau verlockend erscheinen zu lassen. Aber Stralau und Treptow haben noch andere mannigfache Reize, sind so schön, wie nur weniges um Berlin.

Stralau … Wir fuhren zumeist mit den kleinen Dampfern von der Jannowitzbrücke aus dorthin. Schon das Einsteigen war vergnüglich. Da stand an der hölzernen, wackligen Jannowitzbrücke auf wackligen Pfählen ein kleiner, schwankender Pavillon, wie ein Taubenhaus anzuschauen, und eine geheimnisvolle Gleitbahn mit genügend Querlatten zum Stolpern führte einen in seinem völlig dunklen Innern im Kreise herum, sachte über die Schiebebrücke aufs Verdeck. Ging es dann los, dann kamen auch alsbald Aufregungen über Aufregungen. An jeder Brücke wurde der Schornstein umgelegt, von jeder Brücke spuckten die Jungens runter, Zillen voll Kalk sperrten die Fahrstraße, bei Pfuel sprangen die Badeengel ins Wasser … es gab immer was zu sehen und lachen und schimpfen! Häuser standen längs der Ufer ja noch recht wenige: Stätteplätze waren da, Schiffswerfte, auf denen Zillen und Bugs – so heißt der Spreekahn mit länger ausgezogenem Schnabel – gezimmert, kalfatert, gestrichen wurden, Tabberts Mörtelwerk, mit seinem weißgrauen Staub ein charakteristischer Fleck in dem nicht gerade anmutigen Landschaftsbilde, Wiesenflächen, Weideland: „Hier kann Schutt abgeladen werden“. Und endlich kam dann Stralau und – Tübbeke, wo die Dampfer anlegten.

Stralau ohne Tübbeke war so etwas wie Rom ohne Papst: Er gehörte einfach dazu. Ach ja, Tübbeke. Die Alten sind ja längst tot: Er, der mit Perücke und Klotzpantinen, ich erzählte es schon, dann und wann ins Café Bauer Unter den Linden fuhr; Sie, die eine unglaubliche Virtuosität im Öffnen der Weißbierkruken besaß. Gibt's noch Weißbier in Kruken aus graugelbem Steinzeug, den Korken eingehämmert und mit Strippen bebunden? Wohl ebensowenig wie die hohen Stangen dazu mit dem Porzellandeckel; ja, ich glaube, selbst die riesigen, runden, fußlosen, weißberänderten Glashafen, die man, wie es für die philosophische Neigungen (und die Verdauung – zumal in Verbindung mit Obst oder gar Aal und Gurkensalat) fördernde Weiße sich eigentlich gebührt, nur mit beiden Händen halten kann, selbst diese „Klauweißen“ (wie der Berliner sagte) sind heute Raritäten fürs Märkische Museum.

Bei Tübbekes im Flur, nur so breit, dass gerade zwei ältere „ovale“ Herren aneinander vorbei konnten, stand ein seltsames Büfett. Dahinter thronte in ihrer ganzen thusneldamäßigen Leiblichkeit und Würde – lest das mal in Fontanes *L'Adultera* nach, die Szene in „Löbbekes“ Kaffeehaus – Madame Tübbeke und öffnete Weißbierkruken. Konnte sie dafür, dass der festgekeilte Pfropfen hin und wieder einem Gaste, der sich ihr „missliebig“ gemacht hatte, hastdunichtgesehen mehr oder minder unzart ins Gesicht fuhr? Dass der Schaum weit umherspritzte? Dieses Gasthaus, noch steht's, ganz wie Fontane es geschildert, nur so hoch, dass man bequem von der Straße die Dachziegel, grün vom Moos, greifen kann. Mit seinem Hausflur, der auch von Schifffahrt (der eine Sohn war „Kapitän“) erzählt, mit seinen niederen, gemütlichen Gaststuben – eine hübsche Empirestanduhr, ein paar alte Bilder, ein behäbig breiter Kachelofen sind darin. Noch ist der Garten ganz wie er damals war, gepflegt-verwildert, die alten Linden zu gestutzten Laubenhallen gezogen, die Äste wie Kandelaber sich reckend und verflechtend; das putzlustige „Rondehl“ voll Efeu mit amphorenartigen, großen Tonkrügen umpflastert; die kleinen Buden für die „Sommergäste“, die Glasveranda – diese ganze heimelnde Gastwirtschaft von damals mit dem Blick auf die Spree, auf die Stralauer Kirche, die Liebesinsel, auf „Zenner“ und den Treptower Park.

Noch lebt dieses Altberliner Idyll. Die alte Dorfstraße freilich hat sich „modernisiert“, von ihren liebenswürdigen Reizen ist dabei wenig mehr geblieben. Die „Alte Taverne“, auch solche berühmte Stralauer Gaststätte von dunnemals, hat das Gesicht verändert, und die Spitzhacke hat als „Zahn der Zeit“ noch manche andere Züge im Antlitz von Alt-Stralau getilgt. Aber der Kirchhof ist noch fast unverändert, die naive Dorfkirche (wenn auch frisch getüncht und Kreuz und Kuppel frisch vergoldet) und manches grüne Gärtchen, und die Bootshäuser sind noch da, und drüben der Rummelsburger See.

Rummelsburg, das ruft auch zahlreiche frohe Kindertage in mir wach. Da war Peters großer Kaffeegarten, darin die Bäume alle ihre Namen hatten, mit Schildern bezeichnet: „Adam“ und „Eva“ z. B., na und dann „Hinterindien“ und „Vorderindien“ – sapienti sat. Da waren die Fuchsberge, wo wir sonnabends mit unserm alten Professor Bischof botanisieren gingen, ins Wasser fielen, glücklich herausgezogen wurden, von Morast starrten, unsre Ohrfeige empfingen – und was für eine! Der alte Bischof bog mit den Händen Taler krumm! – und was eben sonst noch zum Vergnügen gehörte. Da wurde im Winter Schlittschuh gelaufen; da hab ich mit meinem Vater das Waisenhaus besucht: Die armen Jungens sahen immer beinahe wie Sträflinge aus, und das „Arbeitshaus“ stand ja auch dicht daneben. Und jenseits liegt und ist schier noch schöner geworden der Treptower Park.

Nach Treptow hinaus zogen wir gewöhnlich – auf Schusters Rappen, von wegen der Billigkeit – durch die Köpenicker Straße. Auch da gab's mancherlei zu bestaunen. Die Feuerwehrkaserne an der Michaelkirchstraße, die Kasernen der Pioniere und der Gardeschützen, zu meiner Zeit von den Alten gelegentlich noch „Neffschandeller“ genannt – Neuchâtel gehörte bis 1857 der preußischen Krone, und bis dahin wurden jährlich ein paar Dutzend dieser französischen Schweizer von heute für das preußische

Heer angeworben. Sachses „Dampfwellenbadeanstalt" am Schlesischen Tor. So manche schmucke Villa Berliner Kaufherren – auch Fontanes Kommerzienrat Treibel wohnte ja hier, und der schwächliche Leopold ritt täglich frühmorgens zu Zenner hinaus, sein Glas Milch zu trinken. Und dann kam der Treptower Park, damals noch ganz verwildert, ein Lieblingsschlupfwinkel für Strolche und also für uns Jungens voller Räuberromantik.

Kurz vor Zenner auf einer Wiese dicht an der Spree stand etwas Wunderbares: eine Camera obscura. Ein runder Pavillon mit einem drehbaren Sehrohr auf dem Dache, innen eine riesige, weiße Scheibe, auf der sich, wenn die Tür geschlossen und jeder Lichtstrahl ausgesperrt war, durch das reflektierende Sehrohr das Leben und Treiben draußen in farbigem Gewimmel lebendig abmalte. Die Camera obscura ist freilich auch längst zum alten Gerümpel unsrer Kindertage geworfen worden: der gröbere „Kientopp" hat sie totgeschlagen. Aber Zenner, der Park, die Spree, drüben Stralau, die Abteiinsel, die Boote, die Kähne und Dampfer, all das ist noch recht lebendig, eines der schönsten Bilder vor den Toren Berlins und hält allen Vergleichungen mit andern „fernen" Gegenden stand.

Und noch eines ist hier draußen glücklicherweise geblieben: das naive Vergnügen des kleinen Mannes. Da gibt's noch russische Schaukeln, und gibt's „Personenwagen", Karussells und alte Frauen, die bunte Zuckerstangen verkaufen, und die Honigbude von Gühler, und gibt's noch „Sommertheater" und harmlose Lustigkeit.

Nach Pankow

Was „nach“ Pankow kommt, weiß in Berlin jedes Kind schon aus dem Gassenhauer. Wie man aber nach Pankow kam, als ich noch Kind war, das weiß nicht mehr jeder. Da stieg man nämlich am Schönhauser Tor oder bereits am Alexanderplatz in einen „Torwagen“, wartete zunächst, ganz wie am Brandenburger Tor, bis die bewusste „eene lumpichte Person“ sich angefunden hatte, und dann ging's die seit dem Alten Fritz (1743) mit Linden bestandene Schönhauser Allee in die Höhe durch Ackerland hinaus ins Grüne. Freilich, es fuhr auch ein Omnibus nach Pankow, vom Lustgarten aus, ganze Tour fünf Silbergroschen, halbe bis zur Oestschen Steingutfabrik, wo immer des Berges wegen eine Weile Halt gemacht wurde. Dieser Berg war übrigens schon zu meiner Zeit nicht mehr der richtige „Windmühlenberg“, auf dem sich etwa ein Dutzend Mühlen im Winde drehten, und wo Vater „Wurscht“ seine „Tabagie und Gartenvergnügen“ hatte. Würst, der, wie Wauer erzählt, als erster auf den Gedanken kam, in seine Schnapsgläser, die allzu viele „Abnehmer“ unter den Gästen fanden, ätzen zu lassen: „Gestohlen bei Würst auf dem Windmühlenberg“, mit dem allerdings ungeahnten Erfolge, dass nunmehr der Gläservorrat in wenigen Tagen völlig „geräumt“ war, weil jeder der Kuriosität halber solch ein Ding besitzen wollte!

So also kam man damals nach Pankow, und man

fuhr hinaus, weil man dort entweder selbst seine „Sommerwohnung“ oder mindestens einen Bekannten hatte, der hier den Sommer über wohnte. Charlottenburg (denkt an *Jettchen Gebert*), Tegel (erinnert Euch der „Buchholzen“) und eben Pankow, das waren ja lange Zeit die beliebtesten Berliner Sommerfrischen. Freilich, manchmal lag solche veritable Sommerwohnung sogar nur in der Alten Jakobstraße, wie uns Alexander Meyer, einer der witzigsten Parlamentarier der Bismarckepoche, aus seiner Jugend berichtet hat.

Also man fuhr des Sonntags nach Pankow hinaus, entrichtete am Chaussee- und Steuerhause in der Berliner Straße – die Reste stehen noch heute, zum Restaurant umgewandelt, gegenüber der Kaiser-Friedrich-Straße – seinen Zoll, das ist noch bis zum Jahre 1880 so gewesen, wartete an den Schranken der Stettiner Bahn, bis die Gleise frei waren, und bog endlich in die breite Dorfaue ein, wo die Wagen vor Linders Dorfkrug hielten. Der Weg hinaus hat sich gewaltig verändert, vom malerischen Standpunkte nicht gerade zu seinem Vorteil. Erst von der Bahnüberführung an grüßt es wie alte Erinnerungen mit seinen Parkbäumen und seinen schattigen Alleen …

Aber die Dorfaue, die Breite Straße, das ist fast noch so wie früher und wie ein Idyll der Biedermeierzeit. Da sind noch die alten Landhäuser und Villen mit ihren prächtigen Gärten: die Mendelsche Villa – der große Irrenarzt, dessen bewährte Maxime war: „Ich halte alle Menschen so lange für verdreht, bis ich unzweifelhafte Beweise des Gegenteils habe", hatte hier in Pankow zahlreiche Nervenanstalten ins Leben gerufen, und so kam immer auch etwas Gruseliges in die fröhliche Idylle – das köstliche Landhaus des Schokoladen-Hildebrand, ganz Alter-Fritz-Stil, Ziegeldachhäuschen und Putten davor im Grünen, gegenüber der kleine Amalienpark. In dem kleinen Häuschen am Ostende der Dorfstraße schrieb Ludwig Erk einst seine Volksliederbücher. Zur Linken: Die alte Dorfkirche, zweitürmig, hier vorn noch Reste des ältesten Baues aus der katholischen Zeit, Feldsteinmauern und gotisches Giebelgezack, alles ganz in Kastaniengrün gebettet, dann, an der eigentlichen Straße, drüben die Bleichrödersche Villa.

Wenn im Juli in Pankow die Leineweberzunft ihr „Fliejenfest" feierte, dann waren hier die Glücksbuden und Verkaufsstände aufgebaut, das Karussell nicht zu vergessen, das seinen traditionellen Platz am Pfuhl hatte, einem kleinen, entengrützeübergrünten Tümpel. – Und dann biegt man in die Schloßstraße ein, auch hier noch lustige Häuschen aus Urgroßvätertagen, und ist im Schlosspark von Schönhausen mit seinen vielhundertjährigen Eichen, seinen mächtigen Platanen und Buchen, seinen langen, domgewölbten Kastanienalleen, all diesen wundervoll gewachsenen Bäumen, die das Entzücken jedes Malerauges sind, und die darum auch die Berliner Akademiker immer wieder gemalt haben. Ja, und auch mit seiner Panke, die hier gleich am Eingange ein Miniaturwasserfällchen bildet, recht, als wollte sie ihrem wendischen

Namen Ehre machen. Panke: das heißt nämlich „Fluss mit Strudeln“, so belehrt uns der Pankower Pastor und Chronist Beier, und wir Berliner, die wir für die Panke eigentlich nur ein mitleidiges Lächeln und oft – besonders im Sommer – ein Naserümpfen haben, staunen bass, wenn wir hören, dass die Panke einst im heutigen Bürgerpark eine Wasser- und Papiermühle trieb und diese Mühle 1839 im Hochwasser zerstört hat!

Die Panke – aus der Heimatkunde weiß man noch, dass sie am Schiffbauerdamm Nr. 4 in die Spree mündet, und wer ganz besonders gut in der Geographie beschlagen ist, erinnert sich vielleicht gar, dass auch Bernau an der Panke liegt, und dass sie dort auf dem „Roten Felde“ entspringt.

Eine prächtige Kastanienallee führt uns zum Schloss, das einst Friedrichs des Großen unglücklicher Gemahlin Elisabeth Christine – „ich verheirate mich als anständiger Mann, das heißt, ich lasse meine Frau machen, was sie will, und tue meinerseits, was mir gefällt. Es lebe die Freiheit!“, schrieb Friedrich als Bräutigam an den alten Grumkow – als Sommersitz dienen musste. Ein schlichter, schmuckloser Bau mit Ziegeldach, in seinen ruhigen, strengen Formen doch überaus vornehm wirkend. Man fühlt, es ist für einen Grandseigneur erbaut, und die hölzerne Laube mit der alten Platane, das behäbige Dienerhaus und der breite, sonnige Wirtschaftsgarten geben ihm zugleich wieder etwas bürgerlich Wohnliches. Einst stand hier ein stolzer Bau, aber da kamen 1760 die Russen, plünderten und zerstörten das Schloss, zwickten den Kastellan und seine Frau mit glühenden Zangen und legten überdies einen Diener auf den Bratrost (so hat's der brave, alte Archenholtz aufgezeichnet). Die arme Elisabeth Christine aber ließ ihr Verbannungsschloss – sie hat noch bis 1797 gelebt, und nur ein einziges Mal in all den Jahren war Friedrich hier draußen – im Knobelsdorff-Stil erneuern, und so steht es heute noch.

Noch eine „Residenz" liegt hier im Schönhauser Park und an der Panke - das Schloss der „Pankgrafen", jener ulktollen, streitlustigen und vor allem trinkfesten Brüderschaft, die vor dem Krieg mindestens einmal im Jahr irgendeinen „festen Platz" in Deutschland auf ihre Weise zu berennen und unweigerlich zu erobern pflegte.

Gärten und Parks, das gibt Pankow-Schönhausen die besondere Signatur, Gärten mit altmodischen Bauernblumen und der ganzen Pracht moderner Gewächshäuser; Parks, wie die Natur sie regellos und doch immer malerisch schafft, und wohlgepflegte, von dem Geschmack eines Lenné (wie der Schlosspark) oder seiner Schüler gestaltet.

Solch herrlicher Park ist auch der einst Herrn Killisch v. Horn, nun aber seit reichlich einem Dutzend Jahre der Gemeinde gehörende Bürgerpark am Westlauf der Panke und der Schönholzer Heide. Die Parkstraße führt uns zu ihm, vorbei an dem Kirchhof und dem (heute recht profanen, aber eben doch ganz natürlichen Zwecken dienenden) Torhäuschen, und da ragt auch schon die Porta triumphalis, der römische Triumphbogen aus Mauersteinen und Stuck. Auch grandseigneurmäßig, aber in der besonderen Art jener „großen Herrn", die nach dem Kriege wieder wie Pilze aus der Erde schossen. Ich bin kein Politiker und auch kein Kaufmann, daher will ich hier den Mantel des Schweigens über den einst viel umstrittenen Killisch breiten: Sein Park spricht laut genug von ihm – wie man das nun nehmen will – das Haus, das heute in einem Restaurant seine wahre architektonische Bestimmung gefunden hat, die „echt imitierten" Marmorgruppen aus Stuck und Gips, der Triumphbogen … Aber ein wirkliches Kunstwerk ist da: eine Mädchengruppe, die zierlichen Töchter Killischs, von Künstlerhand geschaffen, und diese Marmorgruppe ist, so erzählt die Pankower „chronique scandaleuse", beim Verkauf des Besitzes wie ein Regenschirm versehentlich – stehen geblieben.

Nach Tegel

„Wir sind so klug", sagt der Gespensterseher mit dem unaussprechlichen und (unter uns gesagt) eigentlich doch recht unanständigen, ja, selbst so klingenden Titel „Proktophantasmist" in der „Walpurgisnacht" des *Faust*,– „und dennoch spukts in Tegel". Was das bedeute, darüber hat sich schon manch einer den Kopf zerbrochen, und Alexis will wissen, auch Napoleon habe das getan, und weil er es durchaus nicht herausbekommen, habe sein Berliner Gesandter Laforest express nach Tegel hinausfahren müssen. Aber da wohnten nur die Humboldts, und an deren Riesengeist hätte sich wohl kein Spuk gewagt. So ist Napoleon (und leider auch mir) diese Goethestelle immer rätselhaft geblieben. Ich kenne zwar jemanden, der nachmals in Tegel vortrefflich zu spuken verstand und eine Schar originellster Geister dort um sich versammelte; allein, dieser „Dr. Havelmüller", Leberecht Hühnchens Freund, lebte ja dazumalen noch nicht, und bevor ich von ihm und seinem Spuk erzähle, wollen wir erst nach Tegel hinaus.

Das ist noch ein weiter Weg, und zu Fuß, wie Fontane rät, wird ihn keiner heute mehr machen mögen. Interessant ist er freilich schon: nirgends zeigt Berlin so wie hier, im volkreichen Norden, was es groß gemacht hat: das figurenreiche, hart umrissene Bild der Arbeit. Namen von Wucht und Bedeutung klingen überall auf, voran die Borsig und Schwartzkopff, Wöhlert, Egells und Pflug, und wie Fontane um 1870 schrieb: „Bahnhöfe, Kasernen, Kirchhöfe und Eisengießereien, diese vier heterogenen Elemente drücken dem ganzen Stadtteil ihren Stempel auf" – das ist eigentlich bis heute so geblieben, wenn auch die Kasernen nun teilweise andern Zwecken dienen, und die meisten der Fabriken längst in billigere Gegenden verlegt sind.

Und geblieben ist auch die Oase der Kesselstraße, in der einst Heinrich Seidel wohnte, als er noch simpler Ingenieur in einer der Fabriken hier war und sich abends mit dem hölzernen Stiefelknecht am Kachelofen – „auf dem Tische bauzt es so" – sein Beefsteak mürbe klopfte, wie es in seiner „Silbernen Verlobung" der „alte Gram", sein Landsmann, macht. Die Kesselstraße, die ihre Bewohner stolz, in echt berlinischem Drange nach Höherem, die „Tiergartenstraße des Nordens" nennen. Da steht wie zum Abschluss der Straße, die zweimal buchstäblich um die Ecke geht, mitten im Prospekte die gusseiserne Invalidensäule mit dem Adler, von deren Galerie sich hinabzustürzen einmal Berliner Selbstmörder-Mode war. Da führt das erste Um-die-Ecke-Gehen auf einen stillen Platz voll Akazien mit einem eisernen Springbrunnen im protzigen Geschmack der Gründerzeit. Da sind wir, zur Invalidensäule gehend, die Friedrich Wilhelm IV. zum Gedächtnis der in den Revolutionskämpfen 1848/49 gefallenen Soldaten errichten ließ, plötzlich auf einem winzigen Brücklein, darunter, einen knappen Meter breit, die Panke dahinstrudelt, um vor unsern Augen in der Tiefe zu verschwinden! Noch zweimal auf unserm Weg nach Tegel begegnen wir ihr, wie sie kümmerlich zwischen den Häusern hindurchkriecht.

Mit der Müllerstraße beginnt der Wedding, und gemächlich geht die Großstadt in die Vorstadt über und verläuft ins Land. Winzige Häuschen mit dürftigen Gärtchen schieben sich zwischen die hohen Häuserzeilen, die grünen Parkflächen alter Kirchhöfe drängen sich dichter aneinander, lustige kleine Restaurants lagern sich längs der Straße, mit Schaukeln, Karussells und Glücksbuden, ein Sommertheater hie und da, und dann taucht zur Linken ein wahres Sandgebirge auf, die Rehberge, Dünenketten grell leuchtenden Sandes, dahinter in geschlossener Mauer schwärzliche Kiefern. Ein echt märkisches Bild, und echt Berliner Humor ist's, wenn sich die Laubenkolonisten hier „Pflanzenverein am Brocken" benamsen.

„Rehberge", und noch mehr „Rehberjer", das hatte einst in Berlin einen üblen Klang. Da wurde 1848 „Sand gekarrt", und die besten Brüder werden's ja wohl nicht gewesen sein, die hier draußen „Arbeet" suchten; jedenfalls zogen die „Rehberjer" sehr bald truppweise in die Vorstadt und – „requirierten" (aber damals nannte man das in Berlin noch nicht so verschämt gebildet), wo sie nur konnten.

Am Horizont im Süden ein paar einsame Kirchtürme. Die Mietkasernen sind längst verschwunden. Laubenland. Ziegen weiden und Pferde. Und dann taucht es hinter ödem Wäldchen – dem Schießplatz von einst – noch einmal wie ein Symbol der Stadt der Arbeit auf: der schöne, vieltürmige Rundbau der riesigen Gasanstalt und Schlote, Speicher, Seilbahnen, Berge von Kohlen und Borsigs gewaltiges Werk, eine ganze Stadt für sich mit ihren Mauern und dem Tor, durch das die Tausende schreiten, ein Großes, das man nicht leicht vergisst …

Eine Kurve der Elektrischen, und wir sind mitten im Idyll. Alt-Tegel, eine Kirche und im Rechteck darum niedere Häuser, kaum ein Stockwerk hoch, mit Glasveranden und dichten Gärten, vornehm-ruhig im Stil, reserviert wie ein Geheimrat vergangener Tage, dazu die alten, mächtigen Linden ringsum – das ist wie einer jener zärtlich getuschten Marktplätze aus einer Novelle Storms oder einem Bilde Moritz v. Schwinds.

Und nun der See, das blanke Wasser noch verdeckt durch die Bäume der Uferpromenade und den Kranz von Schilfrohr hie und da, mit seinen buschig malerischen Inseln, dahinter zur Rechten der wundervolle Tegeler Wald, Laubwald und Nadelholz …

Diese Havelseen, und eigentlich sind es nur weitgeschweifte Buchten der Havel, sie haben alle ihr ganz eigenes Antlitz und ihr besonderes Temperament: der poliert-höfliche Wannsee, der langweilig-mürrische Schwielow – der Tegeler See hat bei all seiner behäbigen Breite und Rundung etwas Zerrissenes, Unausgeglichenes, und so ist er auch von Charakter: unberechenbar, jähzornig, wie manchmal die Dicken sein können. Von der Sechserbrücke aus hat man einen guten Überblick, und dann sind wir mit ein paar Schritten an der Villa des Dr. Havelmüller, die kein Geringerer als Bruno Schmitz, der Erbauer des Kyffhäuser- und Leipziger Völkerschlachtdenkmals, seinem Freunde Dr. Emil Jacobsen (so hieß im bürgerlichen Leben Seidels Havelmüller) nach dessen Ideen geschaffen hat.

Gegenüber dem alten „Seepavillon", der in seinem Garten mit den Terrassen noch ganz der alte ist – wie wundervoll sitzt sich's nicht hier an stillen Sommersonnentagen, wenn die kleinen, leinwandbedeckten Segelboote an ihren Ankertauen wie eine Schar flugbereiter Möwen auf den Wellen sich wiegen und hüpfen, wenn der Rohrspatz („Karl, Karl, kiek", ahmt der Berliner Junge ihn treffend nach) im Schilfe ruft, und die dichten Wipfel der alten Buchen drüben ein zarter, golden leuchtender Heiligenschein säumt! – gegenüber dem Seepavillon, nur durch Wegbreite von ihm getrennt, liegt weiland Havelmüllers Villa, mit ihrem bauernmäßigen Garten, darin die Feigen reifen! Gibt's das noch einmal irgendwo in der Mark? Und was es schon gar nirgends mehr in der weiten Welt gibt, das ist der „Reimsalon" hier im Garten, eine Art Bretterlaube, in der der „Allgemeine deutsche Reimverein", die Seidel, Trojan, Stinde, Lohmeyer, und wer sonst noch zu dieser erlesenen Brüderschaft gehörte, in den achtziger Jahren seine zum Tränenlachen komischen Sitzungen abhielt.

Was hier nach dem Wahlspruch Jacobsens: „Reimen muss die Nationalbeschäftigung der Deutschen werden" zusammengedichtet wurde, ist zwerchfellerschütternd. Drei heute recht seltene Bände eines Musenalmanachs *Die Aeolsharfe* berichten davon. Jeder sein eigener Dichter, war die Parole, oder, wie Trojan einmal dichtete:

„Der hat vom Leben spärlichen Genuss,
Der andre für sich dichten lassen muss.
Ein andrer kann ja auch mal etwas leisten,
Doch was man selbst gemacht hat, freut am meisten".

Für die Benutzung des Reimsalons – man kann ihn im Garten noch heute sehen – musste „die Stunde 25 Pfennig" bezahlt werden. Im Innern war der Raum mit einer ganz unmöglichen Tapete geschmückt, die große Arabesken aus Phantasieblättern zeigte und in den Voluten grellbunte Schäferliebesszenen trug. Von ähnlichem Geschmack waren auch die Bilder und Büsten. Da hing zum Beispiel eine bunte Stickerei auf Kanevas: eine Blumenvase und ein Herz mit der Umschrift: „Ich liebe Dir". Unter den Büsten der Vereinsmitglieder – mit Plastilin aus billigen Gipsbüsten von Mozart, Beethoven, Schiller und Goethe zurechtgeknetet und „modern" bemalt – war die berühmteste die „Guido v. Posematzkys", der leiblich niemals in Erscheinung trat, als „einziger Adliger" aber im Verein besonderes Ansehen genoss. Die Ventilationsvorrichtung war ein in einem Astloch steckender Holzpflock, der im Bedarfsfall zum Lüften herausgezogen werden konnte.

Jacobsen, ein Original, wie es nur ein Jean Paul oder E. T. A. Hoffmann hätte ersinnen können, freilich sehr bewusst originell und darum von leicht zu verletzender Eitelkeit, war unermüdlich im Erfinden neuer Absonderlichkeiten und Grotesken. So hatte er auch im Keller seiner Villa, im besonderen „Verlies“, die vorgebliche Mumie eines Mönchs, die er „Mumatsch“ nannte; dieser Mumatsch spukte – natürlich, in Tegel. Aber Jacobsen „spukte“, wenn er schlecht gelaunt war, und das war er häufig, auch selber, und köstlich ist's, dass seine Enkelkinder dann von ihm sagten: „Großvater mumatscht“. Unübertrefflich war er auch im Erfinden von Schnäpsen, als Chemiker, der er von Beruf eigentlich war. „Einmal“, erzählte mir mein lieber, nun verstorbener Freund Eduard Krause, sein Schwiegersohn, „standen nicht weniger als 33 verschiedene Sorten auf der Tafel. Ich traf an dem Tische mit Trojan zusammen, der mit großem Sachverständnis probierte, und warnte ihn vor einem russischen Aalbeerschnaps, der schlecht sei. Da meinte Trojan in seiner bekannten Seelenruhe, es gebe überhaupt keinen schlechten Schnaps, nur guten und besseren“.

Das war Tegels literarischer Ruhm und Tegeler Spuk unsrer Tage. Seinen Ewigkeitswert aber hat es von den Humboldts empfangen, deren Schloss und letzte Ruhestätte nur wenige Schritte von dem barocken Havelmüllereinfall entfernt sind. Es ist geweihter Boden, den wir treten, empfinde ich jedesmal, wenn ich vor diesem schlichten Hause stehe, das der Volksmund beharrlich das Schlösschen nennt. Das ist so wie im Weimarer Ilmpark und vor Goethes Gartenhaus, etwas Unvergängliches, Heiliges. Dieses weiße, schmucklose Haus, dieses Tuskulum erhabenster Gelehrsamkeit, was ist in ihm nicht alles Großes und Edles gedacht und geschrieben worden! Fünfzehn Jahre lang hat Wilhelm v. Humboldt hier gewohnt, und Alexander ist immer wieder hinaus in die Stille geeilt, wenn es seinem weltumspannenden Denken zu laut war in Berlin, und hat sich unter die alte Eiche geflüchtet, die heute noch in voller, unerschöpflicher Kraft sich breitet.

Ein Dom gewölbter Buchen führt uns zu der Grabstätte der Familie. Verheißend leuchtet Thorwaldsens *Hoffnung* von granitner, jonischer Säule durch das Grün, und davor schlafen in efeuüberwucherten Reihen die Humboldts und die Ihren. Ein Fichtenkranz umschließt das Ganze wie zum Heiligtum. Diese schlichten Marmortäfelchen mit den Namen und den Daten: „Du wirst im Alter zu Grabe kommen, wie Garben eingeführt werden" steht auf Alexanders Tafel.

„Wenn ich den Eindruck bezeichnen soll, mit dem ich von dieser Grabstätte schied", sagt Fontane, „so war es der, einer entschiedenen Vornehmheit begegnet zu sein. Ein Lächeln spricht aus allem: wir wissen nicht, was kommen wird, und müssen's erwarten".

„Wie sie so sanft ruhen ...“

„Unsre Samen, unsre Toten
ruhen in dem leichten Sand“,
lässt Goethe einmal spöttelnd den Märker die Heimat preisen.

Ja, es ist freilich nur leichter Sand, gelber, schmerzend greller oft, darin wir unsre Toten betten. Aber diesem Sande, den Liebe und Treue hegt, entsprießen Haine und Gärten, wie sie so schön und blütenschwer die Friedhöfe nur wenig anderer Städte noch haben. Und welch kostbares Gut ist nicht gerade diesem gelben, leichten Sande anvertraut, welch Stück Geschichte Berlins, und das heißt denn zugleich doch deutscher Kulturgeschichte ruht auf unsern Friedhöfen! Und nicht nur die Namen Unsterblicher machen solche Geschichte Berlins: auch Namenlose, deren Gräbern die Pietät ein ergreifendes Denkmal setzte, geben unsern Friedhöfen das besondere Gesicht.

Da sind, nun längst mitten in der Stadt, ein paar Kirchhöfe, die gerade davon Zeugnis geben. Gewiss, auf dem alten Sophienkirchhof zwischen der Großen Hamburger Straße und der Sophienstraße liegt auch Leopold v. Ranke, der große preußische Historiker, begraben und Zelter, Goethes hausbackener musikalischer Berater, – aber schöner als deren Denkmale ist die gesockelte Sandsteinurne, die da erzählt, dass hier der 1793 entschlummerte Krieges- und Domainen-Rath Johann August Buchholtz mit den

Seinen ruht, und darauf der Gatte klagt: „O, meine Auguste, fromm und sanft war dein ganzes Leben, fromm und sanft auch dein Tod.“ Schön das stattliche Denkmal der Maria Elisabeth Köpjahnin, die „in Wohltätigkeit, Liebe und Gottes Furcht lebte“.

Kommt mit, die paar Schritte über den Koppenplatz und durch die Linienstraße zum Alten Garnisonkirchhof …

Der Koppenplatz, ein paar Bäume, dürftige Bänke, ein Denkmal: die Mutter mit den spielenden Kindern, ganz der Platz der armen Leute, der alten, bresthaften – und wie ein Tempelvorhof mit korinthischen Säulen, von keinem Geringeren als Stüler geschaffen, an einem Hause ein Vorbau „Herr Christian Koppe, Rathsverwandter und Stadt-Hauptmann zu Berlin, widmete diesen Platz und dessen Umgebung im Jahre 1703 als Ruhestätte den Armen und Waisen, in deren Mitte Er selbst mit den Seinigen ruhen wollte und ruht.“

Der Alte Garnisonkirchhof, ein winziges, mauerumhegtes Viereck. Etwas preußisch Militärisches im Ganzen. Gleich hinter dem Gärtnerhäuschen beim Eingang stehen wieder ein paar Urnen. An einer Mauer eine schlichte Grabkapelle: „Hier erlischt die alte Linie des Hauses Arnim-Fredenwalde“, weiter nichts: das ist schon etwas, dieses einfache Wort – da liegt Größe drin! In der Mitte ein barocker Sandstein mit einem winzigen Kreuzlein drauf: Friedrich Baron de la Motte-Fouqué. Der Dichter von zahllosen Liedern und der *Undine*. Und ein stattliches Grabmal nicht weit davon: ein Namenloser, Schachtmeyer, Kommandeur eines Garderegiments, die Offiziere haben es vor hundert Jahren ihrem „väterlichen Berater" gesetzt – ein römischer Helm, Schwert und Schild, und, – ist das heute nicht wie ein Symbol? – der Rost hat den Schild bis auf einen schmalen Reifen verzehrt. Und dann wieder ein Berühmter: eine Platte roten Granits, ein Gitterlein darum, das Grab des Lützows aus den Freiheitskriegen. Überall Holzkreuze und Täfelchen von draußen, 1914–1918, sie haben sich auf vielen Berliner Friedhöfen eingefunden, Erinnerungszeichen an Väter und Söhne, Gatten und Brüder, die in fremder Erde liegen.

Und nun kommt weiter mit mir zur Chausseestraße und zum Alten Dorotheenstädtischen und Friedrichswerderschen Friedhof vom Jahre 1762. Mitten im lebendigsten Lärmen der Weltstadt schlafen sie hier; es brandet an die Mauer und dringt noch durch das stattliche Tor. Aber gehst Du die feierlich düstere Allee längs der niederen, efeubewachsenen Mauer hinauf, erstirbt es vor dem Frieden und der Weihe dieser Totenstätte. Hier ist die Kultur des alten Berlin: die ganz Großen, die Mächtigen und Reichen und die Namenlosen. Wahre antike Tempel, Grabmäler, wie sie etwa in der römischen Campagna stehen könnten – das Familiengrab der Cantians – der hohe Obelisk auf dem Hügel Fichtes, Kapellen mit Büsten (Stüler, Strack, Borsig), stattliche Denkmäler (Rauch, Schadow, Schinkel), schlichte Marmorplatten, Sarkophage, Kreuze, Urnen ... Klassizismus, Biedermeier,

Heidentum und Christenglaube in der Form und den Symbolen. Allein die Namen hohen Klanges füllen manche Seite. Linden, Efeu, Fliederbüsche, Lebensbäume. Und dann an der Mauer Strauchwerk, das kaum den Verfall verbirgt. Eine eingesunkene Gruft voll Trümmer.

Mich drängt es, die Erinnerung an ein paar Berliner Dichter noch zu erneuern. Draußen, in der Liesenstraße, auf dem „Friedhof der Französischen Kolonie“ schläft der eine, lieb mir über viele: Theodor Fontane. Ein echter Märker und echter – Franzose, und das gab in seltenstem Zusammenklange einen echten, ganzen Menschen, gütig und groß. Ich weiß mich noch zu erinnern, als wäre es gestern erst geschehen – wie mein lieber Vater an jenem 20. September 1898 nach Hause kam und sich zum Abendbrot an unsern runden Tisch mit der Hängelampe darüber setzte, zur *Vossischen Zeitung* griff, und da stand in großen, mitleidslosen Lettern „Theodor Fontane †“. Und mein Vater ließ das Blatt jäh fallen, erhob sich, ging ins dunkle Nebenzimmer und blieb da Stunde auf Stunde trauernd sitzen. So was vergisst man nicht, nicht wahr? …

Ich suche mir das Grab mit seiner schlichten Namenstafel, und es engt mir die Kehle, wie ich den Namen leise für mich hinspreche und mich des Fontaneworts vom alten Dubslav Stechlin plötzlich erinnere: „Er war das beste, was wir sein können, ein Mann und ein Kind“...

Wie viele Berliner Namen von hellem Klang unter

diesen „Franzosen“, deren zahlreiche ihr Leben für das deutsche Vaterland gegeben! Nur ganz vereinzelt noch, auf älteren Gräbern, ein französisches „Ci-gît“ … hier ruht … Und wie ich längs der Hügel schreite, finde ich ein köstlich Lustiges in all dem Ernst des Todes. Einen verwahrlosten, eingesunkenen Grabhügel und darauf: „Marie Anne Dutitre née George“. Madame Dutitre, die Verkörperung des Berliner Witzes von der Alten-Fritzen-Zeit bis zu Friedlich Wilhelm III. Die Dutitre, die Goethe ansprach: „Anjebeteter Mann, wer sollte Ihnen nicht kennen! Festjemauert in der Erden …“ die Dutitre, die ihren im Sterben liegenden Gatten, da er sie noch einmal zu sehen verlangte und aus der Küche rufen ließ, etwas unsanft anfuhr: „Wat is denn los? Du weeßt doch, det ick keene Leiche nich sehen kann!“ … Und so darf ich hier vielleicht noch eines Grabes und Grabsteins gedenken, wie sie wohl nur im alten Berlin möglich waren – eines Grabsteins, der bis vor zwanzig Jahren in einer kleinen Leihbibliothek (Chausseestraße 121) stand. Das Grab war auf hundert Jahre gekauft worden, und als der betreffende Teil des Kirchhofs aufgelassen und bebaut wurde, die Nachkommen aber das Grab durchaus erhalten wissen wollten, da wurde das Lädlein sozusagen über das Grab und um den Grabstein herum gebaut, und – ist das nicht ganz berlinisch? – tagtäglich kam ein greiser Enkel der „Antoinette Weiß, geborene Biancam“ und setzte sich zur Andacht vor dem Grabstein in dem Buchlädchen nieder!

Draußen vor dem Halleschen Tor auf den Kirchhöfen der Jerusalems-, der Neuen und Dreifaltigkeitskirche schlafen zwei andere der Großen: E. T. A. Hoffmann – der Grabstein nennt ihn bürgerlich Wilhelm statt Amadeus –, eine Sandsteintafel, ein goldumrissener Falter darauf, und „ausgezeichnet im Amte, als Dichter, als Tonkünstler, als Maler“ rühmen die Freunde. Dieser geniale Feuergeist voller Unrast, er schläft nun neben – Oberregistratorsgatten. Ist das nicht eigentlich auch echt berlinisch, muss man immer wieder fragen.

An der südlichen Mauer entlang führt der Weg zum Hügel Chamissos, gleich hinter dem Querwege liegt er, zu Häupten eine Eibe, eine Granitplatte deckt ihn und die Gattin. Hier längs der Mauer sind viele alte Erbbegräbnisse. Wie schlicht und schön: eine eiserne Tafel mit Goldbuchstaben, „Clauers Erbbegräbnis“ oder „Clausings Ruhestätte“.

Für mich ist heute ein Tag der Toten: Kommt mit mir noch zu einem der schönsten Friedhöfe Berlins, dem St. Matthäi, an der Großgörschenstraße. Sanft hügelan steigen die dichten Alleen, in langen Reihen die Gräber, schlicht, in edlem Prunk, hüben und drüben, an der Mauer feierliche Grabkapellen: Hier schlummert reiche Saat, die der Schnitter in seine Scheuern eingeführt. Mich treibt's zu den einfachen Steinen der Brüder Grimm – vier Marmortafeln, Jacob, Wilhelm, Rudolf, Hermann, aus Efeu aufragend, die schlichtesten wohl von allen hier. Und wohin Du blickst: Klang und Ewigkeitswerte – Langenbeck, Virchow, Diesterweg, Gentz, Gustav Richter, Waitz,

Jagor, Messel, Wilhelm Loewe-Calbe, „dem letzten Präsidenten der deutschen Nationalversammlung" setzten Bewunderer das Denkmal, Albert Niemann und fast noch unvergesslicher Hedwig Niemann-Raabe … es ist kein Ende der Namen. Und doch ergreifender als alle ist mir jene Tafel an der Mauer: „Fünf Enkel gaben ihr Leben dem Vaterlande 1914–18."

Auch das ist Berliner Geschichte und deutsche Geschichte.

Glossar

Die Reise nach Berlin

Stettiner Bahnhof: einer der ältesten Berliner Kopfbahnhöfe; 1950 umbenannt in Berliner Nordbahnhof; nach Abrissarbeiten in den 1960er-Jahren sind nur noch Gebäudereste erhalten; der Begriff Nordbahnhof bezeichnet nun den unterirdisch liegenden S-Bahnhof

Potsdamer Tor: entstand 1734 während des Baus der Berliner Zollmauer; 1824 nach Plänen von Karl Friedrich Schinkel neu errichtet; trotz des Abrisses der Zollmauer 1867 blieb das Tor erhalten; im Zweiten Weltkrieg fast vollständig zerstört; 1961 beim Bau der Berliner Mauer endgültig abgerissen

Lutter und Wegner: Weinlokal, das sich großer Beliebtheit erfreute; aufgrund starker Beschädigungen im Zweiten Weltkrieg musste der Ausschank 1945 eingestellt werden; 1997 an der Charlotten-, Ecke Taubenstraße wiedereröffnet

Raules Hof: geht auf den niederländischen Reeder Benjamin Raule (1634–1707) zurück, der seit 1675 unter dem Großen Kurfürsten Friedrich Wilhelm diente und die kurbrandenburgische Marine aufbaute; 1935 wurde das Gelände für den Bau der Reichsbank eingezogen

Jungfernbrücke: verbindet Oberwasserstraße und Friedrichsgracht; Ende des 17. Jahrhunderts unter dem

Namen Spreegassenbrücke erbaut, seit 1748 Jungfernbrücke; Neubau 1798, seitdem mehrmals renoviert; letzte umfangreiche Instandsetzung nach historischer Vorlage 1999

Waisenbrücke: erhielt ihren Namen vom nahegelegenen Großen Friedrich-Hospital (heute: Littenstraße 109), das auch ein Pflegeheim für Waisenkinder war; 1945 wurde die Brücke von der Wehrmacht gesprengt, 1960 endgültig abgerissen

Französischer Hof: war ein Gasthaus in der Oberwasserstraße nahe der Jungfernbrücke

Gertraudenbrücke: Doppelbrücke über die Spree, bestehend aus einer steinernen Brücke, 1896 nach Plänen von Otto Stahn errichtet, und einer 1977 neu errichteten Autobrücke; namensgebend war die Heilige Gertraude, Fürsprecherin der Armen und Schutzpatronin gegen Rattenplagen; der Legende nach erhält man einen Geldsegen, wenn man die Tiere zu ihren Füßen berührt

Café Bauer: bekanntes Kaffeehaus an der Ecke Unter den Linden/Friedrichstraße; als eines der ersten im Wiener Kaffeehausstil erbaut

Hoher Steinweg: 1574 als erste gepflasterte Straße Berlins erwähnt; 1969 aus dem Stadtplan gestrichen, verlief zwischen der Rathausstraße und der Bischofstraße, noch nach dem Zweiten Weltkrieg stand hier das älteste Wohnhaus Alt-Berlins (aus dem 15. Jahrhundert), es wurde 1955 abgerissen

Nach Alt-Berlin und Kölln

Spreestraße: 1931 zum 100. Geburtstag Wilhelm Raabes (*Die Chronik der Sperlingsgasse*, 1856) in Sperlingsgasse umbenannt; 1964 mussten die historischen Bauten einem Neubau weichen

Ermelerhaus: ursprünglich Breite Straße 11, war eines der wenigen erhalten gebliebenen Patrizierhäuser des früheren Stadtteils Alt-Kölln, 1966/67 abgetragen; 1968/69 unter Verwendung der alten Bauelemente gleichnamiger Neubau am Märkischen Ufer 10

Ribbeckhaus: ältestes Wohnhaus Berlins; 1624 vom Geheimen Rat Hans Georg von Ribbeck und seiner Frau Katharina von Brösicke erbaut; einziges erhaltenes profanes Renaissancegebäude Berlins; seit 1996 Sitz des Zentrums für Berlin-Studien der Zentral- und Landesbibliothek Berlin

Poststraße: hat ihren Namen vom ehemals dort ansässigen Posthof; befindet sich im 1987 wieder errichteten Nikolaiviertel

Ephraim-Palais: Wohnpalais im Rokoko-Stil; von 1762 bis 1766 nach Plänen von Friedrich Wilhelm Diterichs erbaut; Geschäftshaus Veitel Heine Ephraims; 1935/36 für die Verbreiterung des Mühlendamms abgetragen, dabei wurden Zierelemente eingelagert, die beim originalgetreuen Wiederaufbau 1985/87 verwendet wurden

Und nochmals Kölln und Alt-Berlin

Nikolaikirche: älteste Kirche Berlins; geht auf das 13. Jahrhundert zurück; im Zweiten Weltkrieg schwer beschädigt; 1987 Fertigstellung des originalgetreuen Nachbaus; heute von der Stiftung Stadtmuseum Berlin museal genutzt

Molkenstraße: führte vom Nikolaikirchplatz zum Molkenmarkt; 1984 im Zuge des Wiederaufbaus des Nikolaiviertels in die Poststraße integriert

Molkenmarkt: ältester innerstädtischer Berliner Marktplatz; wird dominiert vom Stadthaus; die meisten Gebäude wurden im Zweiten Weltkrieg zerstört

Zur Rippe: ein seit ca. 1700 existierendes Lokal am Molkenmarkt; an der Fassade zwei „Rippen" (die später als fossile Grönland-Walknochen identifiziert wurden), 1935 abgerissen, 1986 rekonstruiert und mit einer Kopie der „Rippen" versehen; die Original-Knochen sind heute in der Nikolaikirche ausgestellt

Palais Schwerin: Stadtpalais am Molkenmarkt gegenüber dem Nikolaiviertel, 1698 nach Plänen von Jean de Bodt für den preußischen Staatsminister Otto von Schwerin aus etwas älterem Palais umgebaut; 1937/38 bis auf die originale Frontfassade für die Erweiterung der Reichsmünze abgebrochen

Krögel: bezeichnete die Ausbuchtung der Spree an ihrem Ostufer in der Nähe des Molkenmarktes, die der dort später erbauten Straße den Namen gab; 1935 wurde die mittelalterliche Bebauung zugunsten des Neubaus der Reichsmünze abgerissen; heute haben Am Krögel die Berliner Wasserbetriebe ihren Verwaltungssitz

Kröppelstraße: eine Straße in der fiktiven Kleinstadt Neustadt aus Raabes Entwicklungsroman *Der Hungerpastor* (1864)

kundiger Thebaner: geflügelter Begriff aus Shakespeares *König Lear* III, 4, der sich auf die sprichwörtliche Dummheit der Bewohner Thebens bezieht

Landré: Familie Landré erwarb 1835 die Weißbierbrauerei in der Stralauer Straße 36 und braute dort Berliner Weiße

Waisenstraße: verläuft zwischen Littenstraße und Stralauer Straße; hier befindet sich *Zur letzten Instanz*, eine der ältesten Berliner Gaststätten

Klosterkirche: Kirche des Grauen Klosters; entstand im 13. Jahrhundert, im Zweiten Weltkrieg zerstört, heute Ruine

Parochialkirche: Baubeginn 1694 nach Plänen von Johann Arnold Nering; 1714 durch Martin Grünberg vollendet; 1944 brannte die Kirche aus, der Turm stürzte ein; die leere Kirche wird seit 1991 für Gottesdienste und Kunstauktionen genutzt

Altes Stadthaus: von 1902 bis 1911 zwischen Parochial-, Jüden-, Kloster- und Stralauer Straße nach Plänen von Ludwig Hoffmann erbaut; diente neben dem Roten Rathaus aufgrund des großen Bevölkerungszuwachses ebenfalls als Rathaus; von 1955 bis 1990 Sitz des Ministerrates der DDR, heute Sitz der Senatsverwaltung für Inneres und Sport

Palais Podewils: barockes Adelspalais, 1701 bis 1704 nach Plänen Jean de Bodts neben der Parochialkirche errichtet; benannt nach Heinrich Graf von Podewils, Staatsminister im Kabinett des Soldatenkönigs, dem es seit 1732 gehörte; im Zweiten Weltkrieg zerstört; 1952 bis 1954 wieder aufgebaut

Hohes Haus: um 1310 an der Klosterstraße fertiggestellt; Residenz der brandenburgischen Markgrafen, wenn sie sich in Berlin aufhielten; 1931 Abriss zugunsten eines Erweiterungsbaus für das Kaufhaus Wertheim; dabei wiederentdecktes gotisches Portal ist im Märkischen Museum ausgestellt

Großer Jüdenhof: mittelalterliche Wohnanlage zwischen Molkenmarkt und Franziskanerkloster; erste Häuser im 13. Jahrhundert von jüdischen Familien errichtet; nach der Judenvertreibung im 16. Jahrhundert wurden einige der einfachen Häuser durch Neubauten ersetzt; im Zweiten Weltkrieg komplett zerstört und eingeebnet; als Parkplatz genutzt; seit 2010 archäologische Grabungen

Ins Fischerviertel

Grüner Graben und Königsgraben: Teile der Berliner Festungsanlage; der Grüne Graben befand sich in der Nähe der Staatsoper; der Königsgraben erstreckte sich von der Waisenbrücke bis zur heutigen Museumsinsel; beide wurden zugeschüttet und überbaut

Köllnischer Park: Gartenanlage in der Nähe der Spree, zwischen Wallstraße, Rungestraße und Am Köllnischen Park; am nördlichen Rand befindet sich das Märkische Museum

Petrikirche: Stadtpfarrkirche von Kölln; um 1230 erbaut, später mehrfach umgebaut; im Zweiten Weltkrieg schwer beschädigt und bis 1964 abgerissen; seit 2007 archäologische Untersuchungen an den Fundamenten und dem bis 1717 genutzten Begräbnisplatz

Fischerbrücke: 1683 erbaut, querte die Spree parallel zur Mühlendammbrücke

Gasthaus zum Nussbaum: lag in der Fischerstraße 21; wurde bei alliiertem Bombenangriff zerstört und von 1985 bis 1987 als Kopie der originalen Gaststätte in der Probststraße 7 im Nikolaiviertel aufgebaut

Köpenicker Tor: Teil der Berliner Zollmauer; lag in der Neuen Roßstraße auf der Neu-Köllner Seite; beim Abriss der Zollmauer ebenfalls abgetragen

Um das Schloss herum

Nationaldenkmal: auch Kaiser-Wilhelm-Nationaldenkmal; Reitermonument zu Ehren Kaiser Wilhelms I. von Reinhold Begas an der Westseite des Berliner Stadtschlosses; 1897 enthüllt, 1950 aus politischen Gründen bis zum Sockel abgetragen; zwei Löwengruppen sind erhalten (heute vor dem Raubtierhaus im Tierpark Berlin); am Standort des Denkmals soll ein Freiheits- und Einheitsdenkmal zur deutschen Wiedervereinigung errichtet werden

Schlossfreiheit: als Zeile von zehn Häusern 1672 am Ufer des Spreekanals unmittelbar an der Westseite des Berliner Stadtschlosses für Hofleute erbaut, später mehrfach erweitert und umgebaut; für den Bau des Nationaldenkmals ab Juni 1894 abgerissen

Konditorei/Café Helms: 1882/83 an der Schlossfreiheit auf der Spreeinsel in der Nähe des Stadtschlosses als Fertighaus mit Eisenfachwerk errichtet; bereits 1893 wieder abgerissen

Raschdorffscher Dom: Berliner Dom; 1894 bis 1905 nach Plänen von Julius Raschdorff auf dem nördlichen Teil der Spreeinsel errichtet; im Zweiten Weltkrieg schwer beschädigt, aufwändige Rekonstruktion bis 1993; zählt heute zu den wichtigsten protestantischen Kirchenbauten in Deutschland; in der Gruft ruhen Mitglieder des Hauses Hohenzollern

Fassbender & Rausch: Chocolatiers am Gendarmenmarkt; 1863 in der Mohrenstraße 10 gegründet; seit 1999 Geschäft in der Charlottenstraße 60 am Gendarmenmarkt

Burgstraße: eine der ältesten Berliner Straßen, verlief früher von der Mühlendammbrücke bis zum Stadtbahnbogen am rechten Spreeufer; heute von der Friedrichsbrücke/Anna-Louise-Karsch-Straße bis zur Kleinen Präsidentenstraße

Königstraße (seit 1951 Rathausstraße): eine der ältesten Straßen Alt-Berlins; verläuft zwischen Gontardstraße/Alexanderplatz und Rathausbrücke; im Zweiten Weltkrieg wurden fast alle Gebäude entlang der Straße zerstört oder beschädigt und später abgetragen

Alte Post: 1702 bis 1704 an der Ecke Burgstraße/Königstraße nach Plänen von Andreas Schlüter für den Generalerbpostmeister Johann Kasimir von Kolbe Reichsgraf von Wartenberg errichtet; auch unter dem Namen Palais Wartenberg bekannt; 1889 abgerissen

Friedrichsbrücke: Spreebrücke zwischen den ehemaligen Stadtteilen Alt-Berlin und Kölln; verbindet die heutige Anna-Louise-Karsch-Straße mit der Bodestraße; anstelle eines Vorgängerbauwerks 1769 nach Plänen von Georg Friedrich von Boumann erbaut; 1792 zu Ehren Friedrichs II. benannt; im Zweiten Weltkrieg zerstört; Wiederaufbau nach historischem Vorbild ab 1981, seit 2012 Grundinstandsetzung und Verbreiterung auf historische Maße

Spandauer Tor: Teil der mittelalterlichen Berliner Stadtmauer am nördlichen Ende der Spandauer Straße; im 17. Jahrhundert in die Befestigungsanlage Berlins einbezogen; nach Abtragung der Festungswerke entstand vor dem Tor der Hackesche Markt

Neue Friedrichstraße: einer der ältesten Straßenzüge Berlins; Gesamtlänge erst ab 1778 nach der Abtragung des Festungswalls; umschloss mit dem hinter ihr verlaufenden ehemaligen Festungsgraben Alt-Berlin an der nördlichen und östlichen Seite

altes Judenbethaus: Alte Synagoge, 1712/14 errichtet, 1854/55 durch Eduard Knoblauch umgebaut; lag in der Heidereutergasse; in der Pogromnacht 9./10.11.1938 unzerstört (vermutlich wegen der Lage zwischen anderen Häusern), letzter Gottesdienst am 20.11.1942; im Zweiten Weltkrieg komplett zerstört; heute erinnern eine Gedenktafel und ein mit Steinen markierter Umriss an sie

Marienkirche: im 13. Jahrhundert erbaut; 1789/90 Turm durch Carl Gotthard Langhans im neogotischen Stil umgestaltet; eine von einst sechs Kirchengebäuden in der Mitte des mittelalterlichen Berlins; älteste noch religiös genutzte Pfarrkirche Berlins, heute als Solitär zwischen Bauten der 1960er-/1970er-Jahre

Neuer Markt: entstand im 13. Jahrhundert; einst zweitältester innerstädtischer Marktplatz zwischen Marienkirche und Spandauer Straße; ab 1885 zu einem repräsentativen Stadtplatz umgestaltet; 1893 Standort des Luther-Denkmals; nach Abriss aller noch existierender Altbausubstanz in den 1960er-Jahren als Platz nicht mehr sichtbar, heute Bestandteil der Freifläche zwischen Karl-Liebknecht-Straße, der Spandauer Straße und der Rathausstraße

Zum Kreuzberg

Tivolibrauerei: 1857 gegründet; der Name ist abgeleitet von dem 1829 gegründeten Biergarten „Tivoli"; ab 1891 von Schultheiss übernommen und erweitert;

seit 1999 in Teilen der historischen Gebäude und in Neubauten Wohnungen, Büros und Ateliers

Raupachstraße: nach dem Schriftsteller Ernst Benjamin Salomo Raupach (1784–1852) benannt; Straßenname nimmt Bezug auf das nahe gelegene Wallnertheater, wo seine Werke aufgeführt wurden; die Straße befand sich zwischen Holzmarkt- und Wallner-Theater-Straße; wurde überbaut, der Name 1970 eingezogen

Spittelmarkt: historischer Stadtplatz am östlichen Ende der Leipziger Straße; verlor durch starke Zerstörungen im Zweiten Weltkrieg und die Neubauten der 1960er-/1970er-Jahre fast vollständig seine einstige Form; Rückbau der Straßenbreite und eine neue Randbebauung sind vorgesehen

Dönhoffplatz: an der Leipziger Straße; benannt nach dem preußischen Generalleutnant Alexander von Dönhoff; ab dem 18. Jahrhundert Bebauung mit Adelspalais (u.a. Palais Hardenberg, nach 1848 Sitz des Preußische Landtages); nach dem Ende des Zweiten Weltkrieges wurden die zerstörten Gebäude abgerissen; 1975 durch den Ost-Berliner Magistrat anonymisiert; 2011 Umbenennung in Marion-Gräfin-Dönhoff-Platz

Leipziger Kolonnaden/Spittelkolonnaden: spätbarockes Bauwerk von Carl von Gontard, 1776 errichtet; die heute in der Leipziger Straße vorhandene Säulenanlage ist der rekonstruierte und versetzte südliche Teil der im Zweiten Weltkrieg zerstörten Kolonnaden

Königskolonnaden: von 1777 bis 1780 nach Plänen Carl von Gontards an der Königstraße (heute: Rathausstraße) erbaut; 1912 an den Kleistpark in der Potsdamer Straße verlegt

Kochstraße: Verbindungsstraße zwischen Wilhelm- und Friedrichstraße, nach dem Bäckermeister Johann Jacob Koch benannt; ursprünglicher weiterer Verlauf bis zur Kreuzung mit der heutigen Axel-Springer- und Lindenstraße, dieser Abschnitt heißt seit 2008 Rudi-Dutschke-Straße

Prinz-Albrecht-Palais: Stadtpalais in der Wilhelmstraße; von 1737 bis 1739 für Baron Vernezobre de Laurieux erbaut; 1830 von Prinz Albrecht von Preußen erworben und von Schinkel umgebaut; ab 1934 als Sitz des Sicherheitsdienstes des Reichsführers-SS bzw. ab 1939 Sitz des Reichssicherheitshauptamtes der SS; starke Beschädigung bei einem Luftangriff 1944; 1949 abgerissen; 2010 Dokumentationszentrum Topographie des Terrors

Heilig-Kreuz-Kirche: 1885 bis 1888 nach Plänen von Johannes Otzen an der Zossener Straße erbaut; heute für Konzerte und Ausstellungen genutzt

Riehmers Hofgarten: aus 18 Wohnhäusern bestehende, zwischen 1881 und 1899 um einen parkartigen, verkehrsberuhigten Innenhof gebaute Anlage (Bauherr: Maurermeister Wilhelm Riehmer) mit aufwändig gestalteten Fassaden im Neobarock und Spätklassizismus

Viktoriapark: Grünanlage auf dem Kreuzberg; 1821 Einweihung des Nationaldenkmals für die Befreiungskriege nach Entwurf von Karl Friedrich Schinkel; Kreuz auf der Turmspitze gab dem Berg und später dem Verwaltungsbezirk seinen Namen; Umgebung wurde ab 1888 in einen Park umgestaltet

Nach Charlottenburg

Siegesallee: von Wilhelm II. in Auftrag gegebener, 1901 fertiggestellter Prachtboulevard im Tiergarten, vom Königsplatz (heute: Platz der Republik) bis zum Kemperplatz; dort aufgestellte Denkmäler stellten sämtliche Markgrafen und Kurfürsten Brandenburgs und Könige Preußens zwischen 1157 und 1888 dar; Denkmäler im Zweiten Weltkrieg teilweise zerstört und verschollen; einige andernorts wieder aufgestellt, andere werden in der Zitadelle Spandau restauriert und ab 2014 gezeigt

Krolls Etablissement/Krolloper: 1844 von Ludwig Persius u.a. am heutigen Platz der Republik erbaut; Vergnügungsetablissement und Oper; nach dem Reichstagsbrand am 28.2.1933 während des Nationalsozialismus Ort der Reichstagssitzungen; im Zweiten Weltkrieg schwer beschädigt, von 1951 bis 1957 abgerissen

Großer Stern: unter Kurfürst Friedrich III. ab 1698 im Großen Tiergarten angelegt, ab 1742 durch Knobelsdorff und von 1833 bis 1840 durch Lenné zu einem repräsentativen Platz ausgebaut; 1938 erhielt er sein heutiges Aussehen; in seiner Mitte steht die

Siegessäule; heute Schnittpunkt mehrerer großer Verkehrsachsen

Charlottenburger Knie: Name geht darauf zurück, dass die damalige Charlottenburger Chaussee (heute Straße des 17. Juni), ab Überquerung des Landwehrkanals Berliner Straße, beim heutigen Ernst-Reuter-Platz nach Nordwesten abknickte (heute: Otto-Suhr-Allee); der Knick in diesem Straßenverlauf wurde ab 1831 Am Knie genannt; seit 1953 Ernst-Reuter-Platz, heute dominiert von Kreisverkehr und Hochhausbebauung

Luisenkirche: von 1712 bis 1716 errichtet; 1826 nach Plänen von Karl Friedrich Schinkel umgebaut und nach Königin Luise benannt; im Zweiten Weltkrieg stark beschädigt; 1950 bis 1956 wieder aufgebaut, in den 1970er- und 1980er-Jahren weiter saniert und rekonstruiert

Flora: Vergnügungsetablissement am Luisenplatz, Saalbau mit Festsaal und Vergnügungspark am Spreeufer; von 1871 bis 1874 von Johannes Otzen erbaut, 1904 zur Gewinnung von Bauland gesprengt

Luisenplatz: Vorplatz eines Flügels des Schlosses Charlottenburg; erhielt 1806 seinen Namen zu Ehren der Königin Luise; 1905 Reiterdenkmal für Kaiser Friedrich III., das 1943 nach Bombenschäden zur Metallgewinnung eingeschmolzen wurde

Nach Schöneberg und Steglitz

Café Josty: bekannte Berliner Konditorei, ab 1880 Filiale am Potsdamer Platz, die zum Treffpunkt von Künstlern und Literaten wurde; im Zweiten Weltkrieg zerstört

Gurlitthaus: Kunsthandlung von Fritz Gurlitt, ursprünglich in der Behrenstraße; er zeigte als Erster Werke des französischen Impressionismus; nach Gurlitts Tod 1893 unter altem Namen in der heutigen Potsdamer Straße 81 weitergeführt

Botanischer Garten: ging zurück auf Anordnung des Großen Kurfürsten, beim Dorf Schöneberg einen Küchen- und landwirtschaftlichen Mustergarten anzulegen, ab 1801 als Botanischer Garten angelegt; Adelbert von Chamisso war hier von 1819 bis 1839 „Pflanzenaufseher" und wohnte in der später so genannten „Chamissolaube"; zwischen 1899 und 1910 wurde der Botanische Garten aus Platzgründen von Schöneberg nach Dahlem verlegt; 1911 Umbenennung in Heinrich-von-Kleist-Park

Maybachplatz: Parkanlage zwischen der Handjerystraße und der Lauterstraße; 1961 in Perelsplatz umbenannt

Wrangelschloss: 1802 bis 1804 durch Umbau eines von David Gilly geplanten Vorgängerbaus für den späteren preußischen Justizminister Carl Friedrich von Beyme im klassizistischen Stil erbautes Landhaus an der Schloßstraße; namensgebend war Feldmarschall Friedrich Heinrich Ernst Graf von

Wrangel, der sich dort öfter aufhielt; in einem Wirtschaftsgebäude befindet sich seit 1921 das Schlosspark Theater

Fichtenberg: mit 68 Metern höchste Erhebung in Steglitz zwischen der Schloßstraße und dem Botanischen Garten; ab Ende des 19. Jahrhunderts mit Villen bebaut

Nach Stralau und Treptow

Kirchhof Stralau: 1412 früheste Beerdigung; von den acht Dorfkirchhöfen Berlins werden nur noch Stralau und Gatow für Beisetzungen genutzt

Treptower Park: nach Plänen des Städtischen Gartendirektors Gustav Meyer von 1876 bis 1888 direkt an der Spree als Volkspark angelegt; 1896 Ort der Berliner Gewerbeausstellung; 1946 bis 1949 Bau des Sowjetischen Ehrenmals als Friedhof und Gedenkstätte für Soldaten der Roten Armee

Pfuel/Pfuelsche Badeanstalt; 1817 gründete der königlich-preußische General der Infanterie und Kriegsminister Ernst von Pfuel (1779–1866) an der Köpenicker Straße nahe dem Oberbaum die erste Militärunterrichts- und Schwimmbadeanstalt Berlins, eine Flussbadeanstalt in der Spree, zu der auch Zivilisten Zugang hatten

Löbbekes Kaffeehaus: ein Café in Fontanes *L'Adultera*; geht auf das heute nicht mehr existierende Gasthaus Tübbecke in Stralow 9 (heute: Alt-Stralau 22) zurück

Schlesisches Tor: Teil der Berliner Zollmauer in der Nähe der Oberbaumbrücke; 1868 wurden Zollmauer und Tor abgerissen; noch heute wird der Platz des einstigen Standorts als Schlesisches Tor bezeichnet

Nach Pankow

Windmühlenberg: Anhöhe, auf der in der Mitte des 18. Jahrhunderts die königlichen Windmühlen standen; ab 1921 offiziell Prenzlauer Berg genannt

Chausseehaus: 1826 an der heutigen Berliner Straße errichtet; hier musste jedes Fahrzeug, das die Berliner Straße passieren wollte, eine Abgabe zahlen; noch bis 1861 genutzt, existiert nicht mehr

Steuerhaus: alle geschlachteten und gemahlenen Waren, die nach Pankow eingeführt wurden, mussten dort versteuert werden; im Laufe der Zeit baulich verändert und später in die Weißbierbrauerei von Willner integriert, diente lange Zeit als Gaststätte

Mendelsche Villa: benannt nach dem deutsch-jüdischen Arzt Emanuel Mendel, der 1868 eine Anstalt für Nerven- und Geisteskranke gründete und bis 1907 mit seiner Familie in der Breiten Straße 44 lebte

Landhaus Hildebrand/Hildebrandsche Villa/Kavalierhaus: um 1765 im Barock-Stil errichtet; 1866 bis 1939 Sommersitz des Schokoladenfabrikanten Hildebrand; 1998 von der Caritas gekauft und saniert

Villa Bleichröder: seit 1818 Grundstück im Besitz der Familie Bleichröder; bis 1938 wohnte dort die Familie des Arztes Dr. Fritz Bleichröder, der die

Villa 1909 auf dem Grundstück Breite Straße 33 erbauen ließ; 2002 wurde die Villa abgerissen und das ältere Sommerhaus in ein Büro- und Geschäftsgebäude integriert

Schloßstraße: heutige Ossietzkystraße, die zum Schloss Schönhausen führt

Schlosspark Schönhausen: 1662 Errichtung eines Herrenhauses; ab 1740 Sommerresidenz der Königin Elisabeth Christine (Ehefrau von Friedrich II.); ab 1935 lagerten die Nationalsozialisten dort „entartete" Kunst; 1949 bis 1960 Amtssitz des DDR-Präsidenten Wilhelm Pieck; nach Sanierung durch die Stiftung Preußische Schlösser und Gärten Berlin-Brandenburg seit 2010 museal genutzt

Rotes Feld bei Bernau: 1432 soll es dort einen Kampf zwischen den Bernauern und den Hussiten gegeben haben, bei dem so viel Blut floss, dass sich das Feld rot färbte

Schloss der Pankgrafen: Heilborn irrt, indem er das Restaurant *Zum Pankgrafen* als Vereinslokal der Pankgrafen bezeichnet, der Mitglieder der 1881 gegründeten *Alten Pankgrafen-Vereinigung von 1381 zu Berlin bey Wedding an der Panke* (APV), die sich als weltlicher Ritterorden verstehen; den Plan, dieses Restaurant zu ihrem Stammsitz zu machen, haben die Pankgrafen nicht umgesetzt

Bürgerpark Pankow: Parkgelände in der Nähe des Rathauses Pankow; 1856 kaufte der Gründer der *Berliner Börsenzeitung* Hermann Killisch von Horn (1821–1886) das Gelände und ließ eine Papiermühle zum Herrenhaus umbauen und weitere Gebäude errichten; 1907 von der Gemeinde Pankow erworben, die den Park für die Bürger freigab; im Zweiten Weltkrieg wurden die Gebäude stark beschädigt, nach dem Krieg dann nach und nach abgerissen; erhalten ist das monumentale Eingangstor von 1865

Nach Tegel

Kesselstraße: nach dem preußischen General Gustav Friedrich von Kessel, der von 1819 bis 1827 Kommandant des Invalidenhauses war, auf das die Straße zuführt; 1951 in Habersaathstraße umbenannt, nach dem Werkzeugmacher Erich Habersaath (1893–1918), der am 9. November 1918 am Kasernentor des Garde-Füsilier-Regiments an der Ecke Kessel-/Chausseestraße von Offizieren erschossen wurde

Rehberge: Naherholungsgebiet an der Afrikanischen Straße; ehemalige Dünenlandschaft ist Teil des Berliner Urstromtals, auf Gelände des heutigen Volksparkes wurde sandiger Aushub des in den Jahren 1848 bis 1859 erbauten Berlin-Spandauer Schifffahrtskanals abgeladen (worauf Heilborn anspielt); 1926 bis 1929 Neugestaltung als Volkspark

Villa Havelmüller: geht auf den Chemiker und Schriftsteller Emil Jacobsen (1836–1911) zurück, der schon während seine Studiums gern dichtete, in den 1880er-Jahren erwarb er ein Grundstück in

Tegel und ließ dort ein Gartenhäuschen bauen, den „Reimsalon"; die später errichtete Villa war die „Reimschmiede"; war mit vielen Schriftstellern befreundet, darunter Julius Stinde und Heinrich Seidel, der Jacobsen als „Dr. Havelmüller" in seinen Geschichten um *Leberecht Hühnchen* beschrieb

Humboldtschlösschen/Schloss Tegel: 1558 nördlich des Tegeler Sees errichtet; gelangte 1766 in den Besitz der Familie von Humboldt; Wilhelm von Humboldt ließ das Schloss 1820 bis 1824 durch Schinkel im klassizistischen Stil umgestalten

„Wie sie so sanft ruhen ..."

Maria Elisabeth Köpjahnin/Koepjohann (1722–1776); Ehefrau von Johann Friedrich Koepjohann; da die Ehe kinderlos blieb, verfügte der Witwer, dass aus dem Familienkapital die Koepjohann'sche Stiftung zur Unterstützung von Witwen und Waisen gegründet werden sollte; bis heute unterhält die Stiftung vor allem Projekte für Frauen, Kinder und Senioren

Koppenplatz: Grünanlage an der Großen Hamburger Straße; namensgebend war der Berliner Stadthauptmann und Ratsherr Christian Koppe, der das Gelände 1696 erwarb und es der Stadt zur Errichtung eines Armenfriedhofs schenkte; noch heute existiert ein von Friedrich August Stüler 1855 geschaffenes Grabdenkmal für Koppe

Alter Garnisonkirchhof: ehemaliger, um 1700 angelegter Friedhof in der Kleinen Rosenthaler Straße;

Friedhof für Offiziere und Soldaten; 1951 wurde der Friedhof geschlossen und in einen Park umgestaltet; erhalten ist u.a. der Grabstein für Friedrich de la Motte Fouqué (1777–1843)

Friedhof der Dorotheenstädtischen und Friedrichswerderschen Gemeinden: in der Chausseestraße; wichtiges Zeugnis der Grabmalkunst des 19. Jahrhunderts; letzte Ruhestätte zahlreicher bedeutender Persönlichkeiten (Hegel, Fichte, Schadow, Schinkel, Brecht, Seghers, Arnold Zweig, Christa Wolf)

Friedhof der Französischen Kolonie: in der Liesenstraße; 1835 für die Französisch-Reformierte Gemeinde angelegt; u. a. letzte Ruhestätte von Theodor Fontane (Grab im Zweiten Weltkrieg zerstört, wieder angelegt); durch den Bau der Berliner Mauer gingen viele Grabmale verloren

St. Matthäi/Alter St.-Matthäus-Kirchhof: liegt zwischen der Großgörschen- und der Monumentenstraße in Schöneberg, 1856 angelegt; allein über 50 Ehrengräber prominenter Persönlichkeiten (u. a. Jacob und Wilhelm Grimm und Rudolf Virchow); 1938/39 ein Drittel der Grabstätten nach Stahnsdorf umgebettet; der Friedhof sollte der nationalsozialistischen Welthauptstadt Germania weichen